新时代教育背景下
家庭教育探索研究

闫素珍　著

中国海洋大学出版社

·青岛·

图书在版编目（CIP）数据

新时代教育背景下家庭教育探索研究／闫素珍著．
青岛：中国海洋大学出版社，2024.6. -- ISBN 978-7
-5670-3899-8

Ⅰ.G78

中国国家版本馆 CIP 数据核字第 20246MC457 号

XINSHIDAI JIAOYU BEIJING XIA JIATING JIAOYU TANSUO YANJIU

出版发行	中国海洋大学出版社			
社　　址	青岛市香港东路 23 号		邮政编码	266071
出 版 人	刘文菁			
网　　址	http://pub.ouc.edu.cn			
订购电话	0532-82032573（传真）			
责任编辑	矫恒鹏		电　　话	0532-859012349
印　　制	日照报业印刷有限公司			
版　　次	2024 年 6 月第 1 版			
印　　次	2024 年 6 月第 1 次印刷			
成品尺寸	170 mm × 240 mm			
印　　张	9.5			
字　　数	206 千			
印　　数	1～1 000			
定　　价	59.00 元			

发现印装质量问题，请致电 0633-8221365，由印刷厂负责调换。

　　走上教师岗位后,学生就成了我工作、学习和生活的中心,这是我的幸运。依稀记得刚参加工作时,观摩过一堂主题班会课,课堂上每位学生都非常投入,有的自由奔放,有的睿智思辨,学习的热情被点燃,精彩纷呈。光阴荏苒,这堂课我至今铭记。

　　从学科教师,到班主任,到名师,再到后来的管理岗位,角色有了变化,但我关注学生的心没有变化。近年来,参与学校德育工作,我深知做好学生的德育工作,单凭学校是远远不够的,需要家庭深度介入。国家高度重视家庭教育,《中华人民共和国家庭教育促进法》(以下简称《家庭教育促进法》)于2022年1月1日起施行。该法律的出台意味着我国对孩子的家庭教育问题从"家事"上升为"国事",《家庭教育促进法》明确了父母承担对未成年人实施家庭教育的主体责任。

　　鉴于此,在工作中我翻阅大量资料,积极思考教师视角和家长视角下的家庭教育问题、家庭教育与德育如何嵌合的问题,并在学校教学实践中探索、实验,在家长学校培训会上与家长沟通交流,向优秀的家长学习,听取他们对家庭教育的建议和意见,逐步完善自己的家庭教育理念。

　　谨以此书,作为二十年教育教学生涯的成长记录。

　　在编写过程中,参考借鉴了国内外家庭教育界专家学者的一些相关论著和科研成果,在此深表谢意。感谢学校领导、同事对我工作的鼓励和厚爱。在此对所有关心、支持和帮助过我的人由衷道一声谢谢。

　　本书注重突出思想性、科学性和实用性;注意紧密联系县域城区小学的学生实际和教学实际,做到理论与实践的有机结合,尽力避免空洞乏味的说教,同时又尽量避免同质化,突出本书内容的独特性。由于水平所限,书中不当之处,敬请大家批评指正,提出宝贵意见。

闫素珍

2023 年 11 月于山东省新泰市第一实验小学

目 录

Contents ●●●

第一章

导 论

第一节　研究背景及研究价值

一、研究背景

随着我国经济社会的快速发展，包括教育问题在内的许多社会问题日益凸现，亟待引起我们的重视。当前，小学生德育建设领域出现了许多新问题，加强小学生德育工作已成为一项紧迫的任务。

"教育是国之大计、党之大计"是习近平总书记在 2018 年全国教育大会上对教育在新时代的重要地位作出的高度概括，具有重要和深远的意义。

育人以德育为先，德育以养成教育为先，已成为教育共识。养成教育之源在哪里？在家庭。家庭是小学生受教的第一场所，也是他们终生受教的场所。与社会德育、学校德育等其他德育方式相比，家庭教育具有天然优势。家长是子女的第一任老师，"言传身教"四字重千钧。具体来说，家长的言行举止、生活方式、价值观念和情感交流等，"润物细无声"般的言传身教，对子女的成长，尤其是对小学阶段子女的成长，会产生深远的影响。这种持续性的影响作用，是学校教育和社会教育均难以企及的。

学校教育并非封闭的独立存在，学校教育是动态的开放性的，学校教育需要得到家庭教育的支持和保障。调查显示，家庭教育较好的学生，学生在学校教育中的表现相对较好，二者相得益彰。当前，我国教育处于变革期，在学校教育发展过程中，德育工作，尤其小学生的德育工作存在不少问题，解决这些问题，片面依靠学校教育之力远远不够，还需要依靠家庭教育的精准助力、有效助力。二者如何衔接好，需要教育工作者进行诸多思考。

新中国成立后，我国的德育、家庭教育均取得丰硕成果，特别是 21 世纪后，我国出版发行了大量有关德育和家庭教育的研究成果和论文专著,极大地促进了家庭教育工作和德育工作的开展,发挥了家庭教育的德育功效。其中,比较具有代表性的著作有陈鹤琴的《家庭教育》、李天燕的《家庭教育学》、魏书生的《好父母好家教》、王东华的《发现母亲》等。国内部分教育类核心期刊,如《教育科学》《教育学报》《思想政治教育》和《现代教育管理》,也常刊登涉及家庭教育的内容,主要集中在家庭教育理论阐释和对理论方法的解读以及家庭教育变迁梳理等。但我们也意识到一个共性的问题:目前大多数研究成果对家庭教育的德育功能没有进行有效的探索,部分涉及德育工作的家庭教育成果也仅限于某一学科,对多学科综合研究的理论成果比较缺乏,家庭教育与社会教育和学校教育的沟通渠道没有有效打开,家庭教育对象的人群,如针对小学生、中学生,没有明确针对性和进一步细化,提出的具体措施存在的执行难问题无法有效破解。

此外,我国颁布了相关法律法规和文件,如《中华人民共和国教育法》(1995 年)、《国家教委关于中小学德育工作规程》(1998 年)、《中国儿童发展纲要(2001—2010 年)》(2001 年)、《关于进一步加强和改进未成年人思想道德建设的若干意见》(2004 年)、《未成年人保护法》(2006 年)、《全国家庭教育工作"十一五"规划》(2007 年)、《教育部关于加强家庭教育工作的指导意见》(2015)、《中华人民共和国家庭教育促进法》(2021 年),有效地保障了教育科研工作者顺利地研究、探索家庭德育功效,提高家庭教育的功能。

二、研究的理论价值

从宏观角度讲,中华文化源远流长,家庭教育是中华优秀传统文化的一部分,是文化自信的坚定基石。2020 年 9 月 8 日,习总书记在全国抗击新冠肺炎疫情表彰大会上的讲话中指出:"文化自信是一个国家、一个民族发展中最基本、最深沉、最持久的力量。向上向善的文化是一个国家、一个民族休戚与共、血脉相连的重要纽带。"包括传统家庭教育文化在内的文化自信是对中华民族所拥有的独特文化和其体现出来的文化价值的高度肯定和认同。

从微观角度来说,增强文化自信,不是空洞的说教。小学生是祖国的未来,国家的希望,责任使命无比重大。因此,进一步传承中华民族文化血脉、延续中华文明之根的重任要落到包括小学生在内的中华儿女的身上。如何坚定文化自信,唯有从根源上认识到民族文化的重要性才行,这离不开家庭教育,从某种意义上说,传统家庭教育文化是中华民族文化自信的坚定基石之一。从古至今,家庭教育都是儿童早期教育的核心内容之一,是人在成长的过程中无法绕开的重要环节,对当今的小学生而言更是如此。

从历史角度看,我国家庭教育具有悠久的历史,积累了宝贵的精神财富。笔者希冀通过研究,使我国传统的家庭教育思想精华发扬光大,并能与时俱进,我们选择性吸收一切文明成果为我所用,通过借鉴吸收国外优秀家庭教育思想,丰富和发展我国家庭教育理论。同时,小学生德育教育的主阵地由学生辐射、延伸到家庭教育领域,对拓展我国小学生德育教育领域,丰富我国德育教育理论体系,实现德育和家庭教育的融合发展,大有裨益。

从教育角度看,家庭教育是学校教育和社会教育的"桥梁""黏合剂"。家庭教育不只存在于家庭,也存在于社会,不只静止于某一个时期的,而是动态性、终生的。从这个意义上说,家庭教育本质上体现的是社会化的终生教育。家庭教育使学校教育和社会教育"天堑变通途",家庭教育、学校教育、社会教育三个维度融合而行,三者有共同的教育责任,教育目标和价值体系也有共性。三者聚焦共同目标,同心同德,融合发力,才能呈现综合教育最大化的效益。

三、研究的实践价值

家庭教育是配合学校教育的有效方法。学校教育具有专门专业特征。这里的"专门专业"是指专业化的人员(教师)在专门化机构(学校)从事专注性活动(德育等系列教育活动)。近年来,我国学校教育进步明显,成绩突出。但我们也清晰地看到,德育在学校教育中不尽如人意,问题较多。从历史和发展维度看,解决这些问题不能拘泥于学校,仅凭学校一己之力远远不够。学校教育的问题是家庭教育问题的直观映射,问题源头很大程度在家庭教育身上。以矫正家庭教育的方式量体裁衣、因地制宜地处理学校教学中德育教育的问题,方式有效,方法得当。

用家庭教育的方式微调社会教育的负效应。社会教育与学校教育密切相关,但二者并非同一个概念。社会教育有自己鲜明的特点。社会教育的方式是隐性的、潜移默化的,教育的深度广度是学校教育不可比拟的,其具有鲜明的空间感、层次感,教育周期更长,教育韧性更强。当前,我国社会处于转型期,转型过程中免不了泥沙俱下,因此存有大量问题,这些问题小学生们会看在眼里,记在心里,对其心灵的影响是潜移默化的。如果这些问题不断扩大,小学生的心理负担不自觉地会变重,心理不健康的情况便以各种渠道形式直观呈现,后果不堪设想。用家庭教育的方式微调社会教育的负效应,效果相对是积极的,明显的,这是家庭教育的独特魅力决定的。

本书全面整合与利用家庭、学校、社会三方教育资源,形成小学生德育教育的合力,全面提高小学生德育工作的实效。

第二节 家庭教育与小学生德育研究掠影

一、国内外家庭教育研究掠影

从时间维度看,家庭教育是伴随着人的出生而来的,一个人完整的一生都处于家庭教育的辐射范围里,人接触家庭教育最早,家庭教育影响人的持续时间最长。小学时期,家庭教育对人的影响重要性不言而喻。古今中外的许多教育专家、学者都极为关注家庭教育和德育的研究,并取得了丰硕成果。

(1)国外小学生家庭教育研究。

国外对家庭教育研究较早,影响较大的著作可追溯到17世纪捷克教育家夸美纽斯编写的一本著名的小学生学前教育书籍《母育学校》,这本书系统阐述学前教育的重要意义,并罗列学前教育的相关内容。现代视角看,该书虽然针对儿童早期的学前教育,但其蕴含的观点和思想成为近代家庭教育理论的有机组成。

进入20世纪,国外家庭教育首推苏联教育家、作家马卡连柯(1888—1939)。他提出一个重要观点:人类生活离不开家庭生活,家庭能够为人带来幸福美好的新生活,从这个意义上说,家庭是关系到国家命运的首要大事。他还编著了《父母必读》《儿童教育讲座》和大量关于儿童教育的文章,其涉及的家庭教育经验偏向综合化和系统化,其建立的关于家庭教育的方法体系偏向科学化,值得我们学习。

意大利的玛丽亚·蒙台梭利作为一名幼儿教育家,享誉全球。她善于学习前人经验知识,在总结卢梭、裴斯泰洛齐等教育思想精华的基础上,不断深化教育认识,创造性发展了蒙氏教育法,这一当代幼儿教育里程碑式方法,即以孩子为中心,尊重其人格尊严和成长过程。《蒙台梭利教育法》是蒙台梭利开办"儿童之家"的教育实践之后,通过家庭教育的理论性总结所形成的著作。在大量实践和研究的基础上,蒙台梭利又出版了关于家庭早期教育的《蒙台梭利儿童教育手册》《童年的秘密》等著作。

夏洛特·梅森是英国著名的教育专家,被人称为"家庭教育之母"。她的教育观点较为分散,她认为小学生作为社会的一种财产,要引起家庭的高度重视。

就整个社会环境来说言,目前最为重要的一项工作就是加大对儿童关注力度,帮助其良好成长,这种帮助就要是学校性的帮助,也需要是家庭性的帮助,而且家庭帮助尤其重要。这是因为家庭环境和教育如何,更多地对一个人的性格和职业等产生决定性的作用。夏洛特·梅森认为,为人父母的重要性,很关键的一点就是教育和培养孩子,这是对孩子的一种基本尊重。

综上所述,国外研究成果体现出儿童中心思想,认为家庭教育要注重对儿童独立意识的培养,重视综合素养发展,认为家庭教育易采取民主型教育方式,并逐步向尊重儿童认知规律和教育规律的科学方面发展,普遍反映出家庭教育对小学生儿童成长的深刻影响。

（2）国内家庭教育研究进展。

"家训集"是我国传统的家庭教育研究成果核心形式,较为有名的如颜之推的《颜氏家训》、司马光的《家范》。其中,《颜氏家训》体系宏达,内容丰富,涉及范围较广,影响深远。强调家庭教育体系应尊崇儒家思想,尤其注重对孩子的早期教育;《家范》系统地阐述了封建家庭的伦理关系、治家原则,以及修身养性和为人处世之道,为研究古代家庭教育的指导思想及具体方式、方法提供了原始材料。这两本著作是我国古代家庭教育科学理论研究的里程碑,是家庭教育理论由描述性向规律性发展的转折点。

新中国成立后,我国的家庭教育理论得到了进一步发展,比较具有代表性的有:① 陈鹤琴的《家庭教育》,该著作所提出的"家庭教育应为子女的知识储备、思想形成和行为习惯负责"的思想被普遍接受;② 赵忠心的《家庭教育学》是在借鉴和吸收古今中外家庭教育理论的研究成果和广大家长教育子女的实践经验基础上,从宏观上阐述了家庭教育的普遍规律,从微观上论述了家庭教育的具体操作技能与艺术,既探讨了一般家庭的子女教育工作,又评说了特殊家庭的子女教育工作,具有很强的可操作性;③ 卢勤的《卢勤谈如何爱孩子》针对父母溺爱、娇惯子女的误区,提出了全新的施爱观念,并结合大量生动鲜活的实例,提供了富有操作性的教育方法,生动诠释了"爱孩子"十法的含义。这些研究成果分别从教育学、心理学和社会学角度对家庭教育进行了理论探索和实践研究。

二、国内外小学生德育研究掠影

（1）国外德育研究进展。

对小学生的德育研究,国外先行,相关研究较早。在欧美地区的英国、意大利、法国、美国和亚洲地区的日本等,聚焦、透视小学生德育,一直是教育工作者的重要课题。较早的 17 世纪,英国出现了小学生德育研究的代表人物,著名教育家约翰·洛克著有《教育漫话》,在这部作品里将教育进一步细化,认为教育由德育、智育和体育三部分有机构成,缺一不可,其详细阐述了家庭和家庭教育对包括小学生在内的学生的思想道德品质的形成和影响,解释了如何向小学生学生"注入"德行,其思想对西方近代教育思想产生了深远影响。

1886 年意大利作家艾得蒙多·德·亚米契斯的名著《爱的教育》问世,该书倡导以"真诚的心和平等的概念"来对待身边的每一个人。作为一部经典的长篇日记体儿童小说,该书通过精准塑造一个个看似渺小,实则不凡的人物形象,将老师之爱、学生之爱、父母之爱、儿女之爱、同学之爱等融入人们日常生活的多个层面,让小学生这一群体的读者通过生活化的小事情,感受生活的美丑善恶,形成内化的道德意识和规矩规范意识。

约翰·杜威是美国著名的教育家,是教育工作者耳熟能详的人物。杜威主张解放儿童的天性,以儿童的天性出发,通过学校教育和家庭教育,促进儿童的个性发展,实现其个性张扬。其所著《道德教育学原理》提出了"道德教育"这一新概念,并具体阐述了"间接道德教育"和全方位的"道德教育",对 20 世纪的小学生的道德教育产生的影响持久而广泛。

法国教育学家图勒甘认为,教育是实现个体社会化的有效方式和必经之路,作用重大,意义非凡。个人的社会化是多层面的、多方位的,其中不可或缺的一环是道德的社会化。如何实现道德社会化呢?图勒甘认为需要德育的关照和付诸实践。图勒甘的观点,简言之,就是德育作为过程性教育,目的是培养小学生具备一种类似于"数学期望"的"社会期望品德"。

综上所述,近年来国外德育教育理论呈现"融合"与"共生"姿态。各种理论取长补短,兼收并蓄,推动了小学德育工作新发展。在"融合"与"共生"基础上,"共进"是一种不可逆的趋势性力量,孤立的单一的德育理论无法支撑起德育这个整体,多学科促进、多理论建构才能共同支撑并建构起德育教育的框架,并还原其本质意义。

(2)国内德育研究进展。从近现代史视角看,我国的德育研究起步不比西方晚多少,也涌现出一大批著名德育专家。杰出代表人物有陶行知、梁漱溟、陈鹤琴以及杨贤江等人。他们的思想对我国小学生儿童的道德教育产生深远影响。他们聚焦"行为习惯"这个关键词,一致认为"行为习惯"对小学生儿童的思想品德建设有特殊的影响,其研究大部分由此展开。例如,陶行知先生着重强调,播种行为就收获习惯,播种习惯就收获性格,播种性格就收获命运。此外他在《自勉并勉同志》《余儿岗儿童自动小学三周年纪念》和《晓庄三岁敬告同志书》中都强调了行为习惯的重要性。梁漱溟在《乡村建设理论》中也有类似的看法,他认为,习惯关乎人的个性、气质、修养,习惯能使其与社会风俗、制度等有效衔接起来,"成为人身之个体和社会之群体密切联系并发生一定关系的渠道或者桥梁"。陈鹤琴教授非常重视小学生儿童行为习惯的培养,他认为,儿童从小应"养成公民应有的品质",培养孩子种种良好的习惯"是建立健全人格的基础"。杨贤江教授在《新教育大纲》中也认为行为习惯对德育来说是重要的。习近平总书记强调,"要努力构建德智体美劳全面培养的教育体系,形成更高水平的人才培养体系"。综上,我们要对小学生儿童进行"德、智、体、美、劳"五个方面的全方位的系统性的教育,通过这样的教育来发展发展他们的知识、情感、意识和行动,终极目标是使他们成为社会主义建设者和接班人,为中国特色社会主义事业奋斗终身的有用人才。

从当代史角度,华东师范大学的黄向阳教授引用课题研究的实例,在其专著《德育原理》中系统地阐述了德育概念,德育特性,德育与道德的内在联系,学校德育的内容、方法和机制,以及在一定的道德理论和德育理论指导下的实际应用情况。一线德育教育专家,著名教师丁如许著有《中小学德育主任工作指导手册》,这本书是丁如许老师呕心沥血所著,书中凝聚了丁老师苦心研究多年的德育研究成果,同时汲取了其他德育工作者的观点和成功经验,对当前小学生德育工作的开展具有一定的指导意义和借鉴价值。这些研究具有一定的创新性,广度大,深度深,在理论探索和实践操作方面较以往研究成果有了很大的进步。

三、国内外小学生德育视角下的家庭教育研究掠影

(1)国外小学生德育视角下的家庭教育。

道德危机在国外受到广泛关注。一些发达国家,包括亚洲的新加坡、日本均高度重视道德教育,把小学生的道德教育放在最优先的位置。他们希冀让小学生这一群体接受自定义式的自以为正确的"健康的道德教育模式",来唤醒"颓废的新一代",成为德育工作者的基本共识。例如,新加坡非常重视小学生的道德教育,在开展德育工作时,强调国家意识,延伸德育内涵,把德育与国家意识教育有机融合,认为德育应当是"国家至上"的德育,小学生德育应根植于家庭,本植于社会。这是由新加坡的历史和现实国情决定的。德国重视本国小

学生的"德意志民族精神"培养,已成为一种历史传承,形成一种共识。德国教育学家一致认为,德意志民族精神内涵丰富,外延广阔,需要发扬光大。他们认为,爱国,具有民族自尊心和自豪感是德育的第一项内容,也是在家庭教育中需要渗透的,此外,严谨认真的工作态度和乐观主义的生活精神,也被认为是德国精神的重要支撑。德国人认为,家庭教育是德育的第一道门,从家庭教育进入德育是必由之路。当家庭关系和睦、家庭交流和谐、家庭活动顺畅时,家庭教育潜移默化的积极因子就会被激发出来,积极因子聚沙成塔,积少成多,会进一步促进道德教育的生发。

（2）国内小学生德育视角下家庭教育。

新中国成立后,尤其是改革开放后,随着我国经济日益繁荣发展,社会环境剧烈变化,小学生德育工作也受到较大影响。众多专家学者清醒地看到了这一问题,普遍认为要解决小学德育的问题,不是一朝一夕、某个单一理论能解决的,系统性问题需要系统性统筹性解决。在一系列理论中,相当一部分的关注点在家庭教育,寻求家庭教育中的小学德育视角,是研究的主攻方向,并取得一系列突破性成绩。

路建红教授对德育和家庭教育进行了深入研究,认为德育和家庭教育休戚与共。当前我国家庭教育存在诸多问题,其中的一个突出问题是"重智力教育,轻道德教育",这一问题带来的消极影响是巨大的,家庭教育的德育功能无法发挥,德育存在的根基就不牢固不扎实。解决家庭教育对小学生德育带来的消极影响,需要多层次多维度考虑,具体来说,要把握四个层面:第一,培训家长,改变家长的家庭教育观,使其具备科学的家庭教育观,在家庭教育中要德智并重,不可偏颇;第二,提升家长素质的培训是开放的、灵活的、沉浸式的;第三,单一的家庭教育内容和手段要摒弃,让家庭教育的内容和手段更加丰富灵活;第四,家庭教育要着眼于优秀传统文化和现代文明的视角叠加和内生性融合。

第三节　研究思路与方法

一、研究视角与方法

1. 研究视角

（1）对比视角。

对比（contrast）,也称对照和比较。对比视角就是把要对比的事物放置在一起,让差异性和共性直观呈现,让矛盾呈现的效果突出,让事物的本质特征凸显。本书较多使用对比视角研究,比如小学生德育概念的国内外对比,小学生德育存在的问题的国内外对比,家庭教育模式的国内外对比,以及有关学术研究中历史层面和现实层面的对比。综上,以时间轴、空间轴"双轴交叉"为倚赖的"横向到边,纵向到底"的对比研究,是本书开展研究的第一视角。

（2）学科视角。

学科（subject），顾名思义是指依据学术的性质而划分的科学门类,随着社会的发展,学科分类逐步细化。小学生德育视角下的家庭教育研究,涉及多学科,呈现系统性和复杂性,"工程量""体量"较为庞大。对其研究不能孤立、封闭且拘泥于某一个学科范围之内,而是要采取开放的视野,多维的视角。学科视角是本书研究采用的另一个重要的视角。具体来说,德育研究和家庭教育研究德育除了涉及教育学、心理学、社会学等这些涉及德育理论依据之源的学科外,还涉及逻辑学、哲学、人类学、宗教和伦理学等"储备"学科。对这些学科的相关知识进行梳理、整合并穿插、渗透入本书研究中,增厚本书研究的学术性和时代性。

2. 研究方法

本书主要采取了以下研究方法:

（1）文献研究法。

文献研究法主要指搜集、鉴别、整理文献,并通过对文献的研究形成对事实的科学认识的方法。本书通过文献研究法科学地查阅和收集关于案例教学法及其发展的相关文献材料。本书研究所收集的文献和数据资料,都具有一定的代表性和权威性,能够对本书研究提供有力的理论和实践支撑。

（2）个案分析法。

个案分析法又称案例分析法,这种方法把实际工作中出现的问题作为案例开展研究。本书以部分案例为研究对象,进行分析和总结,以个案为切入点支撑探究小学生德育和家庭教育的相关理论。

（3）行动研究法。

行动研究法是指在自然、真实的教育环境中,教育工作者按照一定的操作程序,综合运用多种研究方法与技术,以解决教育实际问题为首要目标的一种研究模式。在小学生德育和家庭教育研究中,将教育实际问题发展成研究主题进行系统的研究,以解决问题。

二、研究目标和内容

（1）研究目标。

本书以小学生德育为视角，并深度介入当前我国家庭教育中。一方面，正向角度看，以家庭教育为视角，辩证分析家庭教育对德育的影响，探讨家庭教育理论所取得的成果。另一方面，负向角度看，家庭教育限制小学德育理论的发展，分析家庭教育过程中存在的问题。家庭教育森罗万象，无所不包，本书选取家庭教育的核心构成要件，即家庭教育观念、家庭教育内容、家庭教育范式、家庭教育背景等四个构成要件，系统分析当下我们国家家庭教育长期积累存在的问题，并依据问题，根据新形势，提出针对性强的对策建议。通过家庭教育、学校教育、社会教育三位一体，通力协作，生成合力来育人，构建起小学德育教育新体系、新模式和新机制。

（2）研究内容。

本书系统分析了相关研究背景和研究意义，系统梳理了相关研究成果，对研究的视角、方法、目标和内容等进行了合乎学术规范的解读、交代，对文章的重点和创新之处也进行了重点剖析阐述。以此为蓝本，对家庭教育和德育问题进行了学理解读，通过多重性对比视角，回顾了主流的德育和家庭教育涉及的理论基础和体系构架，分析了我国当前小学生德育视角下的家庭教育现状（晒成绩，摆问题），并提出了提高家庭教育质量、促进小学生德育发展的相关针对性强、现实性强、科学性强的系列性做法和举措。

三、研究着重点和创新点

（1）研究着重点。

本书对中西方家庭教育以及小学生德育的理论基础和生成机制进行重点阐述，目的是为研究提供理论支撑和数据支持。本书对我国当前小学生德育视角下的家庭教育现状的分析，包括了"亮成绩、摆问题、谈打算、明方向"等内容。在理论结合实践基础上，提出了提高我国家庭教育质量，并以此促进小学生德育发展的相关针对性强、现实性强、科学性强的措施。

（2）研究创新点。

从哲学内涵上讲，创新是人的创造性实践行为，也是人类"主观能动性"层面意识活动的高级呈现形式和发挥形式。本书研究的创新点在于三个方面：一是对相关理论知识的积累、融合和吸收，本书研究从国内到国外，从历史到现实对教育界德育研究工作的成果和家庭教育研究成果进行了综合性吸收;二是明确判断出小学德育和家庭教育方面存在的问题,这是在全面性和系统性研读分析相关材料,研判调查问卷以及展开实地调查等的基础上指出的;三是提出策略的针对性和现实性强,本书聚焦问题,从问题出发,提出了解决问题的有效策略,使得策略更加鲜活生动,更富有生命力。

第二章

家庭教育及德育的学理解读

第一节　解读家庭教育

一、家庭教育的含义

家庭教育是国民大教育体系的有机构成,作为基础性教育,直接影响人的一生。如何定义家庭教育,学术界有多种看法,侧重点各不相同,下面分析主流观点。郑其龙认为,家庭教育的发生场所是"家庭单位",因此,家庭教育要回归家庭,其内核是融洽和谐的亲子关系,这是家庭教育的良好前提。家庭教育存在的基础目标是培养子女成为社会有用之人。李天燕则强调家庭教育的沟通与交流作用。她指出,家庭教育本质上是亲情(主要是父母和子女)间双向沟通与交流的教育。家庭教育可以从宏观和微观两个层面剖析,宏观层面是直接的,产生的交流和影响都是直接的,微观层面是间接的,是"随风潜入夜,润物细无声"般的熏陶抑或感染。林淑玲是我国台湾省著名教育学家,她对家庭教育的认识较为独特,给家庭教育的定义让人耳目一新。她认为对小学生的家庭教育应聚焦三个关键词,即"知识""态度"和"能力"通过提升三个关键词,让家庭教育起到完善人的身心发展,完善健全人格和完善家庭和睦,通过实现三个"完善",进一步实现社会的和谐稳定融洽发展。目前,言简意赅的三道教育理论(简称 3M,"为生之道""为人之道""为学之道"),较为流行,受到普遍赞赏,本质上看也是对家庭教育的"另一种形式和意义"的定义。综上所述,对家庭教育的定义,学术界各专家所用语言表述形式有所不同,但"物质外壳"无法影响其表达的"内核"(core)或者"本质"具有共性或者一致性。

成有信教授主编的《教育学原理》,其对家庭教育的定义是明确的、强指向性的:家庭教育是指家庭中的父母或者其他长辈成员对其子孙辈或者其他晚辈所实施的一种家庭内部形式的教育。综上,可得到共识:家庭作为社会的最小单位,依托于亲属关系,直观呈现于亲属关系的日常生活中。《中国大百科全书》(社会学卷)对家庭的描述是,家庭是由婚姻关系、血缘关系或收养关系所组成的社会生活的最基本单位。

具体生活中,家庭除了被认为是社会生活的最小单位外,往往还被认为是一种生活系统或者生态系统存在。人们在这种系统中互相影响,互相沟通,动态地生活。随着相关研究的不断深入,家庭教育被认为是动态发展的,过程性发展的。《社会科学大词典》将家庭教育的概念界定为一种影响,这种影响是长辈的身体力行、言行举止等辐射给子女的潜移默化的影响。《中国大百科全书》(教育卷)中对家庭教育是如下定义的:家庭中的教育者即父母或其他年长者在家庭内自觉地、有层次地对子女进行的教育。

现当代教育界非常重视家庭教育,对家庭教育进行了综合性研究,认为所谓的家庭教育本质上是一种"互动关系",是一种关系式存在的动态过程。这种关系是互相影响的,彼此辐射"能量"的。本书所选定的研究对象主要为6～12岁的小学生,他们正处于身心发展关键期,认知、情感、意志和性格等方面发展快,变化快,已具有了初步的浅层次意识上的自我评价和判断,初步的独立意识也正萌芽生发,其身心发展不成熟,导致他们的道德观和世界观、人生观、价值观易受外界影响或者左右。基于小学生这一独特的身心特征,笔者将研究侧重点放在家庭教育对小学生的影响上,采用家长视角和教育视角,把家庭教育定义为:父母或其他年长者通过家庭教育观念、家庭教育方式、家庭教育内容以及家庭教育环境等方面对小学生在家庭范围内进行有目的、有意识的教育和潜移默化的影响;除此之外,家庭教育定义也可以做如下表述:家庭教育就是小学生的家长或者其他长辈,有意识地在普通寻常的现实家庭生活中,通过各种方式,例如身传言教、生活习惯养成、情感交流与表达、学习情况行为和语言沟通等,对子女或者其他晚辈所实施的一定教育影响,继而全部家庭成员彼此相互潜移默化地影响终生的一种集约化、家庭化、微社会化的社会活动。

二、家庭教育的特征

家庭教育是全部教育集合的子集,同时也是学校教育和社会教育维系之根之本,家庭教育对学校教育和社会教育起着根源阐释和充分补充作用,并具有外向拓展意义。正是因为家庭教育的非普遍性或者特殊性,它才有不可复制性或者说唯一性。

　　首先,家庭教育自带启蒙性。主要指通过家庭教育使小学生明事理,辨是非,懂善恶,使其初步形成正确的"三观",进而与人生的下一个阶段能"无缝衔接""融洽契合"。具体地说,家庭教育的启蒙性包含两个层面的因素:一是从身体条件看,小学生身体发育也属于"启蒙期",更是"黄金期",其身体发育和成长无法脱离家庭,家庭给予其身体发育和成长一个固定温馨的"场",在"场"内,身体的启蒙伴随着教育的启蒙,二者在潜移默化的模式下相伴相生,密切相依。二是从心智条件看,小学生的心智也处于启蒙期,混沌的心智无法找到准确的自我。例如,他们的情感与理智协调统一性远远不够,进取心和自制力易形成对立性矛盾冲突。主要原因是小学生与社会接触少,依存于家庭较多,其主要通过家庭和家庭教育了解外界事物,他们的个性、品质形成的起点也是家庭教育。陶行知先生曾有一个重要论断:早期家庭教育是人生的奠基性教育,儿童六岁之前的教育将为其智力和人格奠定一生的基础,一旦形成,将长期固化不变。

　　其次,家庭教育具有长期性。这是家庭教育的时间维度。人类文明的演化进程说明人类文明将长期存在,那么在社会中作为最小单元的家庭也是长期存在的,家庭教育故而长期存在。家庭并不轻易被"打碎",其是在牢固的基础上,稳定的构架下形成,其稳定性或者牢固性来源于三个核心词汇"婚姻、血缘或者收养",这一点毋庸置疑。综上,家庭作为社会最小的单位会长期持续存在,《愚公移山》中的"子又生孙,孙又生子,子子孙孙无穷尽也"也朴素地说明了这个道理。人生命中约有三分之二的时间是在家庭中度过的,受到家庭成员之间潜移默化的影响。

　　再次,家庭教育具有感染性。感染性也称熏染性或者感导性,是一种潜移默化的渗透。家庭生活的一切,均会对小学生产生了潜移默化的影响。他们的思想、性格在不知不觉中受到感染、影响,进而会发生变化。家庭的存在本身就是一种教育,因此家庭和家庭教育本质上相通。家庭是潜移默化中教开展教育的家庭,教育是家庭生活中"自然习得"的教育。我们日常家庭生活中一些常见的显性"要素",比如,成员关系、文化气氛、风俗习性、家长的兴趣爱好等都会以"隐形"的反射式呈现,反射式"投射"到小学生心中,这种最为直接的"观照活动"深刻影响到小学生的心理活动。可以说,由于父母与子女之间天然的血亲关系,因而,他们之间的情感具有较强的感染属性。

　　最后,家庭教育具有通盘性。家庭教育的通盘性是相对意义上,绝对意义上的通盘性并不存在。比之学校教育、社会教育这两种教育形式，家庭教育的表面"张力"更大，内在"张力"也更大。学校教育的过程中，家庭教育是隐形存在的，二者共同支撑家校共育成为一个整体。社会教育的过程中，家庭教育同样隐形存在着，走向社会的出发点是家庭，当然家庭本身就是社会的一个缩影，是一个微型社会。良好的家庭教育可以使学校教育和社会教育有效黏合而发生"化学反应"，进而实现教育功能的"最优化配置"。综上所述，我们清晰地看到，小学生的家庭教育比学校教育和社会教育涉及的内容更多，其内涵和外延更加丰富，因而具有通盘性。

除此之外，家庭教育还有两个相对隐形的特征，那就是灵活性和及时性，这里不再一一赘述。

三、家庭教育的类型

（1）溺爱型：某咨询机构数据调查显示，溺爱型家庭的比重最大，为60%～70%，且上升趋势明显。本质上看，溺爱型家庭不存在真正意义的家庭教育，本书认为，家庭一旦存在，家庭教育也便存在，即使这种家庭教育并非真正意义上的家庭教育。溺爱型家庭教育成因较为复杂：历史原因看，相当一部分家庭仍为单孩家庭，虽然人口政策有了大的变化，但考虑到多种因素，他们坚持生育一个孩子，于是父母便"聚焦"这一个孩子，对唯一的孩子溺爱有加，社会生活中趾高气扬的"小公主""小皇帝"大量存在。从现实原因看，随着社会的发展，财富的积累，绝大多数家庭经济条件与以前相比有了翻天覆地的变化，有了充足的物质条件，溺爱型家庭的家长很少对孩子说"不"字，孩子要什么给买什么，从不会说个"不"，当然，家长素质参差不齐也是一个重要原因。对孩子的过度关心，过度溺爱，使得沉甸甸的爱成了一种伤害。例如，小学生正常的个性因溺爱无法发展，甚至会被抹杀，他们的积极进取心不足，往往出现懦弱、无能的表现。

資料链接

溺爱，成长的绊脚石

新闻事件：

据钱江晚报2010年9月12日报道，武汉科技大学新生小郑一进校园就引起了骚动。他在5名家长陪同下到校报到，其83岁的奶奶更是坐着轮椅来"助阵"。小郑的行李大大小小一共14件,毛巾都带了七条,卫生纸足够四年用的。接送他的志愿者感慨,"这哥们太齐全了",网友封之为"齐全哥"。由此,网上引发了对这些养尊处优、被家长溺爱的"齐全哥""齐全姐"的热议。

心理解释:

孩子是父母生命的延续、爱情的结晶,父母对孩子毫无保留的爱是世界上最珍贵的情感,然而,这种爱恰恰也是最难表达和驾驭的。英国一位心理学家曾说过,世界上多数爱都是以聚合为目的,唯有父母之爱是以分离作为最终目标。如果家长意识不到这一点,只把对孩子的爱简单地理解为提供充裕的物质条件,满足孩子所有的要求,不让孩子吃一点苦,那么,这种爱就变成了溺爱。现在独生子女很多,一个家庭一对夫妻、四个老人(爷爷奶奶、姥姥姥爷)六个人共爱一个孩子,溺爱现象越来越普遍,"齐全哥""齐全姐"现象已经引起公众的普遍关注。

什么是溺爱?溺爱对孩子的成长究竟有什么影响呢?溺爱是指父母长辈对孩子的过分宠爱。根据溺爱方式可为两种:包办型溺爱和纵容型溺爱。包办型溺爱指父母把孩子的一切都安排好,孩子不用自己动手就可以得到想要的一切;纵容型溺爱指不管孩子的要求是否合理,父母都会尽全力去满足。表面上看,溺爱家庭中的孩子似乎衣食无忧,生活优渥,实际上,父母对孩子的溺爱不仅会剥夺孩子独立自主的机会,也会对孩子今后的事业发展、人际交往,甚至婚姻家庭带来阻碍。心理学实证研究表明,父母对孩子的过度保护会延迟甚至损害孩子自我概念的形成。根据埃里克森的人格发展阶段理论,18岁以前是孩子形成独立人格的关键时期。溺爱会剥夺孩子自我探索的机会,无论父母的安排多么完美,缺乏自我探索会导致孩子成年后对自我产生怀疑。此外,溺爱容易造成孩子以自我为中心、任性自私和缺乏同情心的性格特质,会影响到他们与同伴的人际交往和亲密关系的建立,最终引发一系列心理问题。某咨询机构的调查数据显示,在寻求心理咨询帮助的家庭中,溺爱型家庭的比例占70%～80%。

实质上,溺爱是一种懒惰和不负责任的爱。因为溺爱孩子的父母,他们的爱指向的目标并不完全是自己孩子,而是他们"内心中的小孩"。他们把自己的需求投射到孩子身上,通过满足孩子的各种愿望来消除内心的紧张感。只有尊重孩子独立性的爱才是真正的父母之爱,父母应该懂得在孩子的不同成长阶段满足不同的成长需求,懂得在恰当的时间放手,并乐于看到孩子的成长、独立和分离。

（摘自：http://www.psych.ac.cn/kxcb/kxcb_xwxj/201010/t20101020_2989927.html,有删改）

（2）过度干涉型：过渡干涉型的家庭的特点是中国式的家长专制,其占比也较高。过度干涉型家庭里,家长较为强势,处于主导地位,对孩子要求极为苛刻,说一不二,这导致子女处于"天然的从属地位",子女没有自主选择的权利,屈服于权威,只能被迫服从。家长常常要求子女严格按照自己的要求去做,甚至包括一言一行、一举一动,对子女子表现出来的自然天性进行人为的限制、人为的干涉。孩子是家庭中的一员,与家长是平等的关系,涉及子女子的利益时,家长应与子女平等对话交流才是首选。但过渡干涉型家庭的家长不会这样做,他们会强势地为子女做出"属于他们自己的"选择,并冠冕堂皇地说"父母这样做,都是为你好,我们还能害你吗"。"强权""专制""简单粗暴"和"野蛮"是这类家庭教育的关键词。长期过度干涉型家庭环境中成长起来的子女,做事无主见,优柔寡断,没有原则,对其成长和身心健康是不利的。

资料链接
父母过度干涉孩子生活,是对孩子的爱失去了分寸,该放手了

常说父母应该陪伴孩子的成长,但有的父母的陪伴仅仅是陪着,谈不上陪伴。还有的父母的陪伴却过度干涉孩子,超过了界限,这让很多家长都有些矛盾纠结。

在生活中,有很多这样的父母。在父母的心里,孩子永远都是孩子,是长不大的。更多的父母都已经非常习惯地干涉孩子的方方面面,他们似乎认为,只有他们才是孩子最好的引路人,才是对孩子最好的。当然,作为父母,所做的一切也自然是为了孩子好。但他们没有想到的是,他们有些行为已经干涉到了孩子的生活。这就容易让孩子失去感知生活的乐趣,甚至会感觉到压力过大,压抑、抑郁等,让孩子失去对生活的信心和勇气。

家长在孩子的成长过程中,学会放手和引导是更重要的,希望父母们可以更加智慧,帮助孩子可以在愉快幸福的氛围中健康成长。

（摘自 http://k.sina.com.cn/article_6413981919_17e4d98df00100swdo.html,有删改）

（3）粗暴惩罚型：粗暴惩罚型家庭占我国家庭总数的比例也较高，为8%～12%。上面说到，家长过度干涉，对子女的成长十分不利，过度干涉本质上也是一种暴力行为，我们称之为"冷暴力"，即家长把"暴力"行为做了收纳式"隐藏"，表面上看不到。与之相比较，粗暴惩罚型家庭给子女带来的是一种活生生的赤裸裸的"硬暴力"。这种"硬暴力""硬"在哪里呢，主要"硬"在当子女的表现（在学习或生活中）低于家长的预期或者"期望值"，家长便对子女采取严厉地"量刑式"惩罚。这种惩罚一般分为两种：一是"骂"，即无理谩骂，无理取闹式的不讲原则的谩骂，严重伤害子女的心理，这种心理上的伤害会加重子女的心理负担，长此以往容易造成其心理疾病的产生，恶性循环周而复始。二是"打"，即直接地打，大打出手地打，这种行为对子女的身心都有伤害，这种伤害是"两重的"，显性意义上，伤害的是子女的身体，隐形意义上，伤害的子女的心理，如果说身体伤害易回复，那么心理伤害恢复起来就难了，当子女的自尊心严重受挫，长大后出现暴力倾向的比重较大，心理扭曲程度也比较大。他们在暴力的家庭环境下性格受到压抑，必然导致心理上的自卑，他们长大后多会成为严重的"问题人"。

资料链接

父亲用木棍打 9 岁子女致死，获刑 13 年！

2022 年 6 月 1 日，山西省高级人民法院发布保护未成年人十大典型案例，其中一名父亲的不当教育致其子女死亡，最终以故意伤害罪被判有期徒刑 13 年。

法院经审理认为，被告人周某某持木棍持续殴打其子身体多处部位，造成被害人死亡，其行为已构成故意伤害罪。周某某犯罪情节恶劣，后果严重，依法应予严惩。鉴于其出于教育孩子的目的，到案后如实供述罪行，依法以故意伤害罪判处周某某有期徒刑 13 年。

针对上述案件，山西法院表示，本案属于一起严重侵害未成年人生命健康权的故意伤害刑事案件。周某某虽出于教育子女的目的，但未从有利于子女健康成长的角度出发采用正确的教育方式方法，而是奉行"棍棒之下出孝子"的错误理念，简单粗暴，动辄对未成年子女施以暴力，为法律所禁止。

（摘自：山东教育电视台官方网易号，2022 年 6 月 2 日，有删改）

（4）民主型：如何定义民主（Democracy），学术界没有形成统一意见，可见

"民主"一词的意义较为丰富,对其内涵的挖掘和外延的认识,角度不同,解读也就不同。民主型家庭,国内也称之为和谐型家庭或者友好型家庭,这类家庭的特征是具备"民主范式",有了"民主"的基因。据统计,民主型家庭在我国全部家庭中的比重为15％左右,占比较低。且城乡分布态势并不均衡,差异较大,农村占比低,城镇占比高。一般民主型家庭里的家长,受教育程度较高,综合素质较高。数据表明,目前我国绝大多数素质较为优秀的小学生甚至整个小学生群体基本上来自民主型的家庭。在这样的家庭中他们受到了民主式和谐式的教育,成才率必然较高。在这类家庭中,家长视子女为家庭平等的一员,善于和孩子沟通,与孩子民主协商,耐心倾听孩子的想法。遇到问题给孩子讲明道理,"蹲下来与孩子交流"。这种民主型的家庭环境为女子的自由发展提供了广阔的空间,子女可以在民主的氛围和环境中突破自我,突出自我,展示自我,积极发展自己的兴趣爱好。

资料链接

民主以尊重为基石

1919年1月15日,陈独秀在《新青年》杂志上发表了文章,大力提倡"德先生"与"赛先生"。这两个词分别是"民主"和"科学"的译音,作为新文化运动的两大口号深入人心。时间的车轮驶到21世纪,"民主"也是社会主义核心价值观的重要一项。家庭是社会的一个单元,在家庭文化里,自当奉行民主的教育观念。首先,要认识到民主跟尊重是相互依存、相辅相成的。

家庭民主是以相互尊重为基石,以有利于儿童发展为目标。

尊重,是把孩子视为平等而独立的人,同时又是处于发展中、需要教养的人。家庭民主决策,是为了孩子的发展而做出合理规划。对儿童的发现,是近代思想启蒙的结果。古代是没有儿童这个概念的,人们认为孩子是为成年人做准备,或者是缩小的成人。直到近代人们才认识到孩子的世界和成人截然不同,如果不能理解孩子,就会妨碍孩子的发展。

（摘自《科普时报》,2022-09-17,有删改）

（5）漠不关心型:漠不关心也称为冷漠。在漠不关心型家庭里,家长对子女的态度就是"冷漠",置之不理,具体表现是让子女"顺其自然",对子女不管不顾。漠不关心与过度干涉形成了天然对立关系。漠不关心型家庭里的家长对子女要么无条件地信任,要么无底线地漠不关心,放任自流,实践证明,两者都会对子女身心造成巨大负面影响。原因是,子女无法得到家长科学的温情的指引和疏导,进而产生心理不安全感,恐慌感,久而久之,就会与社会沟通产生障碍和隔阂。极端情况下,子女可能会走向自我封闭,沟通社会变得激烈、暴力和富有侵略性。漠不关心型家庭的存在,成因复杂,主要原因有家长素质不高和家庭不和谐等。

资料链接

漠不关心的危害

这类家庭中的父母认同"树大自然直",对孩子采取漠不关心、放任自流的教养态度和教育方式,漠视孩子的内心世界和需要。这种放任型家庭中生活的儿童常会因为得不到关心、得不到关爱而产生孤独感,逐渐养成冷酷、攻击、情绪不安等心理,产生大起大落、反复无常、容易触怒、对周围事物漠不关心的心态。

（摘自:http://www.docin.com/p-1335006769.html,有删改）

四、家庭教育的功用

1. 家庭教育是一切教育的基础

一个人所受的教育主要来自三个层面:① 家庭教育;② 学校教育;③ 社会教育。三种教育互相交叉融合,相得益彰,必不可少。但三者本质上是不同的,主要体现在教育地位和教育方式上。首先,人出生于家庭,存在于家庭,因此家庭教育带有天然意义上的基础性;其次,人到了一定阶段,需要入学,接受学校教育,学校教育是紧凑型的集中式主导式教育,尤其是义务教育阶段,学校教育还带有强制性;最后,人存在于社会中,无法脱离社会而独立存在,社会教育是一种依托性的终生性的隐形教育。国外的苏霍姆林斯基、科尔曼、黛安娜等,国内的陶行知、徐特立、陈鹤琴等著名的学者均认为,家庭教育极为重要,是所有教育的基础,是每个人接受教育的基石。家庭教育之所以带有基础性质,是人接受教育的基石,源自家庭自身的特点和性质。子女出生后,最早接触的是家庭环境,对子女而言家庭环境具有显著的"早期性"特征。子女不仅最早接触家庭,而且与家庭终生相伴,因而与家庭环境也是终生相伴,这说明家庭环境具有"持续性"。当然,与学校教育和社会教育相比,家庭教育的针对性和现实性更强,学校教育针对的是一个面,而家庭教育细化为一个点。以一个点为核心开展教育便使得家庭教育的独特优势尽显出来。

资料链接

重视家庭教育, 涵养良好家风

长期以来, 我们一谈教育, 更多关注的只是学校教育, 强调学校教育对培养孩子的作用, 家庭教育往往被忽视, 如何创设良好、健康的家庭教育环境则更是少有问津。事实上, 一个人的成长, 首先受到的是来自家庭、来自父母的影响, 且这种影响具有不可替代性。在我国古代, 家庭教育一度成为培养和教育孩子的主要方式。"养不教、父之过",《三字经》中的这句话, 便是对家庭教育重要性的突出强调。小学生价值观的形成始于家庭, 家庭教育是教育的起点和基点, 对于一个人品德形成、道德养成、价值观的培育和幸福人生的奠基具有独特而不可替代的重要作用。为此, 习近平总书记多次强调"家庭是社会的基本细胞, 是人生的第一所学校", 就是在提醒告诫我们要重视家庭教育, 希望大家注重家庭、注重家教、注重家风。

无论时代如何变化, 无论经济社会如何发展, 家庭的生活依托都不可替代, 家庭的社会功能都不可替代, 家庭的文明作用都不可替代, 都必须注重家庭、注重家教、注重家风。

（摘自：中国教育新闻网, 2018 年 9 月 15 日, 有删改）

2. 家庭教育是小学生成长的阶梯

人的成长是一个过程, 家庭就是这个过程的起点, 家庭教育是小学生成长的阶梯。家庭对小学生的影响是直接的, 小学生认识世界, 认识生活, 起步于家庭, 或者说家庭生活。家庭教育是小学生接受一切教育的奠基性教育, 其"成长阶梯"般的存在, 实现了小学生初步的社会化。家庭作为一个"场", 是一个"生长性"的"场", 场内"生长"着小学生的"身心"和"性格"。小学生步入社会是一个过程, 他们要想步入社会, 无法一挥而就, 当其身心全面发展, 具备一定条件后走向社会, 才能更积极主动, 适应社会能力才更强, 也才能与社会相融而非相斥。家庭中的家长, 需要负责子女的身心健康发育, 需要教育子女如何做人, 如何做事。"家教是子女走向社会的第一层次的阶梯"。可以说, 家庭和家庭教育的独有特质满足了他们的这一需求, 承担起小学生全面发展的关键性责任。小学生长大步入社会后, 在社会上有何种表现, 表现得好与坏, 很大程度上取决于其接受的家庭教育如何,两者是辩证统一关系。大量事实证明,人的成长和教育是从家庭开始。家庭教育的好与坏,将直接影响孩子的一生。这也实证了子女走向社会后之所以成才,家庭教育是"第一功臣",这一点是不用质疑的。

资料链接

重塑家庭教育新生态

中国科学院心理研究所教授、博导张雨青认为,家庭教育中,家长首先应该正确认识自己孩子有什么特点,同时,早期家庭环境中要给孩子丰富多彩的刺激,让孩子从中选择最感兴趣、最喜欢的一个,为其生涯规划打基础;并在以后的教育过程中,根据类型进行适当的教育,做到因材施教。"这个过程中,家长应该和孩子共同成长,获得完整的人生体验。"

家长需要遵循孩子的成长规律,依据不同年龄段发展特点和学业、职业目标,全面系统地构建成长规划、学业规划、升学规划和职业规划,通过螺旋上升式的发展,让孩子从中获得因材施教的个性化发展,最大程度地激发与外现孩子的个人潜质,在成长的过程中获得并建立起自主规划未来与把握人生的能力。

(摘自:新京报,2022-01-14,有删改)

3.家庭教育是子女成才的必要条件

我国高度重视家庭教育,20世纪末,《儿童发展规划纲要》出台,这一纲要由全国妇女儿童工作协调委员会编写,作为指导包括小学生在内的小学生教育工作,意义重大,有着很强的战略性和前瞻性。随着社会不断发展,2021年10月23日《中华人民共和国家庭教育促进法》(以下简称《家庭教育促进法》)通过,于自2022年1月1日起施行。《家庭教育促进法》对"家庭责任""国家支持""社会协同""法律责任"等方面做了明确阐释。《家庭教育促进法》的施行,让家庭教育得到社会重视,也提供了很多家庭教育的新方法和思路。著名教育家福禄贝尔曾意味深长地说:"一个国家的前途和命运,实际上掌握在谁手中呢,有人说在政治家之手,有人说在当权者之手,其实都不正确,它真切地掌握于家长手里,或者说家庭里的母亲手里。"这段话,通俗易懂,却又极为深刻,它明确指出了家庭教育(家长教育)的功能和作用。所谓子女的成才,必须符合国家发展的大势和要求,必须符合人民群众的利益和期待,家庭教育的真正目的是为国家培养国家所需要的人才,这需要家长有一个清醒的认识。习近平总书记在党的二十大报告中提出,要"健全学校家庭社会育人机制""加强家庭家教家风建设""加强和改进未成年人思想道德建设",这为我们指明了家庭教育的发展方向。

资料链接

家庭教育对子女成才的影响

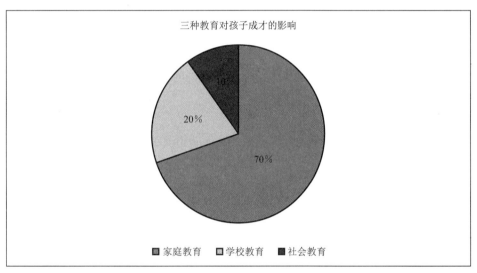

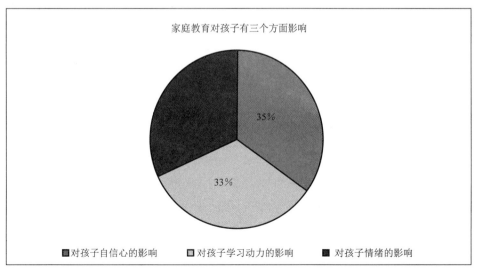

4. 家庭教育是子女心灵安放的港湾

一个人的成长需要一步一个脚印,从婴儿到幼儿,再到小学生、中学生、大学生,一个人就逐渐由家庭环境步入学校环境、社会环境中去。不像婴幼儿生活在纯家庭环境中,小学生成长过程中接触到的人和事就相对复杂了,这是逐步脱离单纯家庭环境的过程。小学生成长过程中,一些负面因子、负面因素会"入侵"他们的视野,"污染"他们的心灵,这时候家长要做的主要是"疏",一味地堵塞无法彻底解决问题。不可否认,负面因子产生的问题在家庭生活中也或多或少的存在。小学生,特别是低年级小学生,分辨是非对错的能力不强,但感觉能力较为敏锐一些。作为家长应有效抓住他们的这一特点,设置"装置",进一步发展小学生对社会生活的辨别能力和心理承受能力,让他们学会如何去处理社会信息,如何过滤不良的社会信息,从而优化他们的心灵,促进健康发展,让他们感受到家庭和父母是他们心灵的"避风港"。

资料链接

家是孩子心灵休憩的港湾

远航的巨轮,迟早要驶回平静的港湾,加油、维修、装货、卸货……以迎接第二次远航。离家的孩子,早晚要回到温馨的家庭,吃饭、休息、添衣、减衣……以迎接新的黎明。

有人说:"家是避风的港湾,在你身心疲惫时为你遮风挡雨;家是欢乐的港湾,在你心情沮丧时为你散播欢娱;家是温馨的港湾,在你寒冷无助时为你敞开胸怀;家是心灵的港湾,用亲情融化你,用幸福包围你,用挚爱感化你。家是充满温暖和爱的地方!"其实这些话对孩子同样适用,因为他们同样需要把家庭作为他们心灵休憩的港湾。

(摘自:http://www.ci123.com/article.php/51127,有删改)

综上所述,我们认为,家庭教育的功能与作用是独特的,是学校教育和社会教育等其他所有教育形式所不能取代的。家长要高度重视家庭教育的重要性和重要意义,自觉地做好作为家长该做的本职工作,尽心尽力尽责任地承担起子女的教育工作,牢记自己肩上的责任和义务,为国家为民族培养出合格的建设人才,为把我国建成富强民主文明和谐美丽的社会主义现代化强国,贡献自己的力量。

第二节　解读德育

一、德育的定义

德育是教育的一个不可或缺的分支,其存在与教育一样,不是天然的,属于历史范畴。社会文化是不断发展的,发展到一定阶段,教育就产生了,德育也产生了,从这个意义上说,德育是社会发展的产物,是人类文明进步的产物。结合中外学术研究看,德育的产生不是一蹴而就的,而是循序渐进产生,再经过精心打磨后稳定下来的。中华文明是世界上最古老的文明之一,也是持续性最长的文明。即便如此,我国历史早期,也不存在完备的"德育"定义或者概念。古代圣贤对德育往往是碎片化的阐述,并未有机整合成一个统一概念。孔孟二人,以"道"或"德"来代替德育,"四书五经"中所涉及的"道"或者"德",其实就是指当时历史条件下的德育。"大学之道,在明明德"是《大学》中的经典语句,也涉及了德育。但无论"道"或"德",都具有极大片面性和历史局限性,无法直观呈现出德育的全貌或者说全部意义。近代以来,"训育""品性教育"等一些概念也被用来指德育,但仍无法呈现德育的本质意义。最早使用"德育"这个概念的是陶行知先生,他把德育和智育以及体育并列起来认为三者都很重要,要协调发展,而不能偏废。新中国成立之后,德育定义固定为"思想政治教育"或者"道德教育"的缩写。

在我国,德育这个概念固定下来之前,我国学者大多都用"道德"这个概念,这一概念颇为流行。因此,如何界定道德和德育,两者之间区别和联系如何,需要做一个系统梳理。道德和德育密切相关,德育是道德的教育,德育是道德范畴内的一种教育形式,这个在学术界并无大的异议。

1.道德的概念

现代汉语中,道德是社会形态之一,是人们共同生活及其行为的准则和规范。道德通过人们的自律或者通过一定的舆论对社会生活起约束作用。在中国哲学史上,道德指"道"与"德"的关系。孔子主张"志于道,据于德"(《论语•述而》),这里的"道"指理想的人格或社会图景,"德"指立身根据和行为准则。《老子》中的"道"指事物运动变化所必须遵循的普遍规律或万物的本体,"德"和"得"意义相近,指具体事物从"道"所得的特殊规律或特殊性质;对于"道"的认识修养有得于己,亦称为"德"。韩非认为"德者道之功",把德释为道的功用。韩愈在《答李翊书》中说:"道德之归也有日矣,况其外之文乎？"认为学文必先务本,儒家的仁义道德就是立言不朽的根本。

西方的道德的概念也存在演变和"进化"。西方的道德观和我国的道德观不同,其注重的是形式本身或者说本身的形式。在道德也被纳入哲学、逻辑学范畴后,道德就成了"抽象和绝对"这一概念依附下的所谓"客观真理",成了道德本体论研究的着力点和溯源之处。在西方,对道德的研究影响较大,学说独辟蹊径的是德国人康德,创立了"先验道德学说",影响深远,意义非凡。综上,就道德的概念,中西方存在分歧较大,核心原因是文化。中国人对于道德的研究不具备形而上学的意义,中国传统文化的特质决定的内省和对待实践的态度是是中国式道德的基础。

马克思对道德的论述较多,具有独创性。他认为道德之所以是道德,原因简单明确,那就是道德属于意识范畴,这是道德属性的唯一存在范畴。道德显性体现出社会意识形态或者社会"自我"表现。马克思指出,经济基础决定上层建筑,因此,毋庸置疑,道德直观反映出来的是"社会关系总和",特别是"社会关系总和"中重点性或者主旨性的关系——经济关系。马克思主义的这一道德本质观,极具创新性,极为深刻,打破了以上的道德"定势思维观",如何在纷繁复杂的社会更好地认识道德,马克思为我们提供了理论依据和指导方向。

2. 德育的概念

德育是一个历史概念,其生成是渐进的,对其认识也有一个渐进的共识过程。在 18 世纪末段,经典概念"moralische Erziehung"由康德提出来,甫一提出,这一概念便自带"实践"属性。与我国著名教育家陶行知的观点类似,康德也认为德育来源于生活,或者说在具体的生活实践中开展德育活动,这一看法贴合实际。18 世纪末的斯宾塞提出了"moral education","moral"有道德上的、有道义的、品行端正的等义。斯宾塞的一个突出贡献就是"把德育作为教育体系的一个分支固定下来"。"德育"作为一个"舶来"词汇,正式进入我国较晚。20 世纪初期,王国维著有《教育之宗旨》,文中详细介绍了斯宾塞的教育观,并按斯宾塞的理论"把德育、智育和体育并列起来"。后来德育和智育两个概念被其收纳为"心育"集合,以区别"体育",两者为"并集"关系。此后,蔡元培撰文主张"公民道德教育",受其影响,国民政府将"注重道德教育"写入官方语言体系。1987 年出版的《教育词典》将德育的概念界定为,学校教育中培养小学生思想品德的工作,社会主义学校的德育内容一般包括政治、思想、道德教育三个方面。这一界定,有一定的局限性,其主要涉及德育的学校范畴,对家庭教育中的德育没有涉及。1989年出版的《德育词典》,对德育做了重新定义,其内涵和外延就有所扩大,具体说,德育是教育者遵循一定的社会、阶级要求,对受教育者施加的有计划、有目的的系统影响,并把相应的道德规则和社会思想转化为个人的道德品质和思想认识的教育。综上,我们深入探究了德育的本质、内容和形式,了解了古今中外众多主流专家的观点,对德育做如下定义:德育是教育工作者组织适合德育对象品德成长的价值环境,促进他们在道德认知、情感和实践能力等方面不断建构和提升的教育。

二、小学德育的特征

1. 德育促进小学生"知、情、意、行"全面发展

促使小学生"知、情、意、行"四个维度的全面发展,是德育首要的任务,也是其主要特征,德育围绕这四个核心展开。"知、情、意、行"具有强烈的目标一致性和根源多维性,它们是相结合、相统一、相协调和相促进的。从目标一致性来说,四个方面的发展终极目标是一致的,即使学生成为适应社会全方面发展的人。从根源多维性来说,要想实现他们的全面发展,必须实现四个方面齐头并进,缺一不可,不可偏废。

道德(品德)内在的结构较为"自洽",具有完善性和自适应性双重特征。其结构的子元素构成中,认知、情感、意志、行动最为根本,最为必须。由系统论出发观察,可知这四者作为一个统一性的整体性结构,系统内各个要素,在"内适应"环境中是紧密关联,不可分割的。从内设性附件的具体功能看,我们清楚认识到,最基本心理活动的认知,涵盖信息获得或者进一步加工的全过程,是道德发育的前提条件;社会关系的形成和发展是道德发育不可或缺的客观条件,人类自我意识的"萌发"是道德发育的主观条件;行动,作为一种有目的性、意志性的活动方式,是实践性的目标,情感中内含道德感这一重要方面,意志是一种用行动来表达的目的性的心理状态,情感和意志对整个过程起着方向性的调配作用,不至于使得道德价值偏差过大。

2. 德育是一项活动过程,必然具有社会性和实践性

德育过程是开放的过程,存在于开放环境之中。人是社会关系的人,从社会关系中来,深刻存在于社会关系中,与社会关系融为一体,各种社会关系都会"辐射"或者影响到具体的个人。没有了社会活动,没有了社会交往,德育便是混沌笼统不具体的存在、形式主义的存在,对小学生毫无吸引力,甚至可以说

是毫无意义可言。小学生思想道德的生成有一个现实性根本性的基础,这个基础有两个层面:大的层面是社会,小的层面是具体的社会关系,包括社会交往、社会活动等。小学时期,学生并非封闭于家庭或者校园,而是初步走向了社会。小学生一旦走向社会,必然参加社会活动、社会交往,这一过程是丰富多彩的,是五彩缤纷的。社会活动让童年在实践中健康成长。例如,家长或者教师都可以组织学生参加社区组织的志愿服务,认真擦拭小区内或者敬老院内公共设施、拔草、清扫地面、捡拾垃圾等。这些活动都具有一定的道德价值取向。正是由于这个活动存在重大意义,使得他们的认知、情感、意志、行动初步形成,其道德价值观潜移默化生成。在所有活动中,教育性活动是最为重要的活动,是一种核心主导性的活动,也可以说,所有活动都必须具有教育性,都具有教育意义。

3. 德育具有一定的自主性

小学生接受道德教育的过程,也是其心理活动综合变化的过程。这一过程"激烈而复杂",他们的思想活动和心理活动变化较为剧烈,经过一系列"内心心理矛盾的生成、对峙与运动和转化"。这表明了一点,德育虽然是社会性的活动,但社会性是客观存在的外因,还需要通过内因起作用,即最终通过小学生自身心理活动起作用,或者说外因通过内因起作用。综上,小学生的德育既是一种社会教育,更是一种自我教育,两者融合相生,契合发展,从这个意义上也进一步体现了德育自主性。马克思强调指出,运用矛盾分析法,理解矛盾具有同一性和斗争性。小学生德育的内部矛盾集中而典型,即指教育工作者(学校里的教师,家庭中的家长和社会)对小学生的德育要求与小学生现有的德育水平或者品德情况存在带有天然属性的基本矛盾。具体讲,社会期望与小学生的实际表现是有差异的,有时候这种差异较大,导致产生了矛盾。要解决这一矛盾,离不开自我教育(自我纠正)和教育的一致性,两者需要向同一个方向努力,互相促进,互相补充,互相作用、互相影响。综上所述,德育过程是自我教育和教育相统一的过程,要提高小学生的道德水平,离不开德育,而德育的有效性的呈现,存在于小学生自我教育和外界干预教育双管齐下共同努力的过程中,两者要形成最大合力,实现最优化效果。

三、小学德育的分类

1. 理论层面

德育是众多教育中的一种,其存在必然有着理论层面上的意义,这是德育存在的"支撑性层面"。德育理论包括小学德育理论不是凭空产生的,而是在实践基础上生成的。这种实践靠的是教育工作者和德育工作者,正是他们在前人研究基础上,不断地探索和研究,进行规律性东西的把握,经过去粗取精,去伪存真,由此及彼,由表及里的总结和概括,逐渐形成的。相对于丰富而又生动的生活实践,理论表现出的特征是趋向枯燥的单一性、单调性。但也要清醒认识到,理论对事物把握全面,了解透彻,这样的高屋建瓴,是具象的生活实践不可比的。理论源自实践,又高于实践,它是实践基础上的总结和升华,它揭示的是普遍规律性的东西,基本的原理性的定西,理论具有强烈的获得感,这种获得感是真理价值的集中体现,也是道德实践的集中表现。当前,理论层面的德育研究,取得了重大成绩,德育理论研究实现了枝繁叶茂的发展,其分支众多,互相交叉,互相渗透,互相融合,极大地促进了德育研究的进一步发展。例如,和谐德育理论、全局性德育理念等均为其重要的分支。这些分支既是相对独立的,其研究的侧重点有所不同,但又是互相联系,互相穿插的,是辩证统一的。综上所述,理论层面的德育观的出现,是德育发展的必然现象,符合学术发展的客观规律。

2.实践层面

理论无法独立存在,需要实践支撑,二者互生,互为相应。实践层面的德育有一个突出特征——问题导向,以解决问题为导向,围绕问题做文章,具体说就是解决实践中所遇到的德育方面的实际问题。实践层面的德育,作为一种"理念",基于总结和概括性极强的理性认识,这种理性认识是教育、德育理论工作者和教育实践者(主要指广大一线教师)在实践性的理性思考而得以形成的。一般而言,理论层面的德育解决了"是什么"的问题,实践层面的德育更侧重于德育问题"如何解决"或者说"如何开展和进行"。由上观之,理论是基础,理论源于实践,在实践中升华,并进一步指导实践。实践层面的德育同样是大德育系统(体系)的一个必不可少至关重要的有机构成,实践层面的德育直面广阔的生活、生动的实践,因此针对性很强,现实性很强,其重要性不言而喻。当前,对实践层面的德育进行研究的专家学者也很多,并且开辟了一些德育研究新领域,创新了新形式,实现了新的作为。例如,实践层面近年来出现了生活化德育理念,这一个较为流行的理念,以小学生实际生活为立足点、支撑点,把德育和时代生活密切融合起来,实践过程中真正体现了包括小学生在内的学生的主体性,发挥了主体性作用。人本化德育理念推崇"以人为本",从这一独特的视角来聚焦实践层面德育的本质特征,深刻揭示了德育作为"育人",为人类谋幸福的教育的发展趋势。主体性德育理念则实现了对传统"填鸭式""满堂灌",说教味浓厚的道德教育的扬弃,实现了德育理念传输在内容和形式上的创新。这种理念高度重视人的价值,认为培养人的主体意识和主体精神,让人成为充分自由发展的人,是德育的根本任务,是教育发展的必然要求。

3. 操作层面

德育还具有操作层面的理念,德育的操作层面主要体现在"做",即依照特定的规范要求开展具体的行为,执行目的性的动作。具体来讲,操作层面的德育理念要呈现一定的模式、格式,本质上它是"格式化"或者"形态化"的德育理念。操作层面的德育也是理论层面和实践层面德育理念的具象化,直观呈现化。没有操作层面,理论层面和实践层面的德育无法具体表现出来。理论层面的德育具有隐形特征,是一种隐形的思想和观点,它并不外显,其张力是向内的,内敛的。操作层面的德育则具有显性特征,它是张扬的,其张力是向外的,肆意的。操作层面的德育,顾名思义具有很强的可操作性和使用性,德育工作的第一线的实践者(家长、教师等)完全可以奉行"拿来主义",直接拿来加以使用。在德育潜移默化的渗透过程中,不论家庭德育还是学校德育、社会德育,都会出现探究式德育教学、情境导入式德育教学以及问题讨论式德育的教育教学。操作层面的德育在我国德育研究学术界重视程度还不够,还有很大的潜力要挖掘。

四、德育的功能与作用

1. 德育的社会性功能

德育首先具有社会性功能,这是因为德育"出生"于人类社会,生存和发展依赖于社会,毋庸置疑,社会是德育存在的土壤和根基。社会性是个比较笼统的概念,内涵和外延也较为抽象复杂,剥丝抽茧,我们从政治、经济和文化三个维度来考察德育的社会性功能。

(1)政治功能。

政治没有一个统一的概念,众多学者对其进行了五花八门的定义。对这一问题认识最为清醒的是马克思,马克思把政治和经济紧密联系起来,认为政治是一个与经济相对的概念,属于意识形态范畴。从这一点上说,德育具有政治属性。国家有培养人的需求,德育的目的是培养人,培养具有大局意识、政治意识的人,培养的人需要与社会发展相适应。德育的阵地较广,但主阵地在家庭、学校和社会。这三个阵地所传播的思想、所渗透的意识形态,对小学生政治观的初步形成有重要的作用。

（2）经济功能。

马克思对经济问题的阐述较为精辟,主要来自其政治经济学原理。经济是社会活动的有机组成,经济活动创造了价值,实现了价值的转型,进而确立了"经济价值"这一概念。马克思明确指出,经济活动具有流通性,是其天然自带属性,这个流通是"生产—流通—消费"全情境的流通,是往复循环,螺旋式发展的流通。具体讲,产业劳动者(产业工人)存在于生产环节,国家发展和建设离不开他们的存在。有什么样的产业劳动者,就有什么样的产业,产业劳动者的素质直接影响产业发展。德育对提高产业劳动者素质,调动其积极性主动性作用显著。流通环节,无法忽视德育的存在也离不开德育,所谓"一诺千金",德育的存在,可以让整个流通环节崇尚道德,恪守诚信,蔚然成风。消费环节,德育的导向作用也极为明显,德育可以让人选择健康、科学、节俭的消费观。综上,我们清楚认识到德育的经济功能针对全部的人,也涵盖小学生这一群体,小学生也是重要的消费者群体,德育对其引导效果更加明显。

（3）文化功能。

文化与政治和经济相对应,一般认为,经济是基础,政治集中表现经济,文化直观反映经济和政治。我们对文化定义如下:文化是人类一切精神活动的总和,也是精神活动过程中所涉及文化产品的总和。上述两个"总和"深刻说明文化的复杂多样性,根源于文化是人类精神生活的独有特质。德育文化功能有哪些具体体现呢？一是德育的存在使得优秀文化得以保留和传承。中华文化博大精深源远流长,对人类文明发展作出了重要贡献,其传承千年,仍星辉闪耀,就在于道德教育功勋卓著。二是文化多样复杂,包括小学生在内的学生群体如何选择文化,需要重视。如何选择呢,需要发挥德育的"力量",用德育之力"去粗取精,去伪存真"。三是文化本身不是一成不变的,需要时时创新、处处创新,"不拘泥于成规",实现文化创新,并以创新引领先进文化,需要德育给予小学生群体重要启示。

2. 德育的个性化功能

个性化或者说个体化,也称非大众化,其与社会化对应存在,强调集体中的个体,或者说社会中的具体个体。个性化指向个体视角,通常用个体的视角考察个体存在和发展的价值和意义。德育的个性化功能涵盖主要两项内容：一是德育对个体发展的作用；二是德育对个体精神生活追求的作用。

（1）德育对个体发展的作用。

人首先是个体的人，其次才是社会的人，个体的人具有主观能动性，这是人之所以为人的核心特征之一。小学生也是一样的，除了受社会约束外，个性化发展是"天然属性"，社会多样性之源，即存在于此。德育促进了小学生个体发展，作用积极主动，集中体现为其个体发展提供动力支持和方向性支撑，德育对个体的涉及政治、品德等方面的完善、发展起着显著的导向性作用。这个作用不以人的意志为转移，属于客观规律层面，是客观世界里的主观"映射"。

（2）德育对个体精神生活追求的作用。

德育对个体精神生活追求的作用，也称德育的个体享用性功能。在这个意义上，德育满足了人的精神追求，精神上的富有比物质上的富有更为重要。德育让人有了理想和目标，精神层面的幸福感有了聚集。人的精神愉悦感的获得，离不开道德教育的实施。

五、德育的原则

1. 知行合一

"知、情、意、行"相协调，是德育过程性发展的同一性体现。小学生正确的道德品质形成和发展过程中，"知、情、意、行"各自起着不同的作用，承担着不可取代的独特性角色。理论上，"四维同轨"，四者步调趋向一致发展，说明德育坚持的原则是"理论和实践同一性原则"。对小学生而言，德育有"双提高"作用，一是提高其道德理论水平，二是提高其道德深度参与的社会实践和社会生活行为。实施德育过程中，"知、情、意、行"的关系处理既要有原则性，又要有艺术性。家庭、学校和社会三个层面所采取的德育措施，就是要让道德理论反作用于道德实践，指导道德实践，让道德实践正向验证道德理论，最终使得小学生群体在这两个方面都能提高、进步。

2. 从实际出发

一切从实际出发，是马克思主义根本原则，是马克思主义政党最为重要的理论品格，我们想问题、办事情要把客观存在的实际事物作为根本出发点，而没有任何其他的出发点。德育如何从实际出发，首先明确两个客观实际，这是从实际出发的内在含义：一是小学生自身实际，小学生正处于身心发育最佳期，心理与行为发展的关键期,各项"指标"均不成熟,个性差异大,特征多样化,因此实施德育宜疏不宜堵,不能"一刀切",而要多措并举,因材施教。二是小学生所处社会生活的实际,当今社会快速发展,社会纷繁复杂,小学生赖以生存的家庭、学校环境也各不相同,这些"环境总体"或者说"总体性环境"对其影响是巨大的,对其进行道德教育,离不开这个最大的客观实际。当前,对小学生的道德教育存在诸多问题,主要表现在三个方面,一是德育定位偏移,远离现实生活;二是德育实施模式滞后,照搬照抄,空洞说教,不注意运用辅助教学手段,甚至排除生动形象的艺术;三是实施德育教学形式主义严重,不讲实际,应上不对下。这些问题的存在是典型脱离实际的结果,需要引起德育工作者的深思。

3. 个别教育与集体教育结合

德育有个别德育和集体德育之别。小学生成长的时期,恰好处于其进入学校后,进行学校教育的初期,德育形式一般采取集体德育(集体性道德教育)。这是由学校教育的特点决定的,也是学校教育的责任和义务。当然,学校教育并不意味着全盘进行集体德育,个别德育也是存在的,作为集体德育的有效补充,在学校教育(德育)中起着重要作用。个别德育就是要重视小学生的个体存在,教育过程中,充分调动其积极性,对个别情况进行个别分析,个别教育针对性强,目的性强,也更容易出彩。个体和集体是互相影响的,用集体的形式教育个体,用个体的努力影响集体。家庭教育更是一种个别教育,家庭教育要与学校教育配合好,通过两者的共同努力,把教育集体和教育个人辩证统一起来。在学校教育中,集体教育与个别教育相结合原则,一方面要重视集体,注意教育、培养班集体,依靠班集体的力量来教育学生;另一方面,决不能忽视个体,要针对小学生的个性特点和差异进行个别化教育、针对性教育。

4. 疏导与约束统一

德育实施过程中,首要考虑的是小学生的身心特点。依照上述所说的小学生身心特点,对照德育本身,需要教师考虑两个原则:疏导原则和约束原则,并在教育过程中努力实现二者的融合。所谓疏导,就是因势利导,通过激励和调动其积极性、主动性的方式摆事实讲道理,坚持用正确的理论、事实和榜样等来教育小学生,疏通他们的思想障碍,引导其善于思考、重于体验和实践,这样方能提高自己,实现自我进步。这是因为"对于思想意识形成与转变"类似问题,强行用"硬手段"或者"压制法",是无法从根本上解决的。但也不能一味疏导,无限扩大疏导的"尺度",要把这个"尺度"压缩在可控范围内。这个"压缩"就要有约束来保障。约束是指纪律上的约束,或者法律法规政策上的约束。俗话说,没有规矩,不成方圆,就是这层意思。小学生的生活环境主要有家庭、社会、学校,在这三种环境中生活,都离不开法律法规政策等生成的"约束力"。约束和疏导辩证存在,进行约束是为了更好的疏导,是纠正疏导过程中存在的偏差,只有两者相统一,才能优化小学生德育的效果。

第三节　家庭教育对小学生德育的意义

一、家庭教育对小学生道德意识的奠基

万丈高楼平地起,一砖一瓦皆根基。我国有民谚俗语"从小看大,三岁看老"。这形象生动地阐明了家庭教育对小学生的道德意识发展发育等具有奠基性的作用,是德育的基石。家庭教育对小学生道德意识的奠基性作用,有两个方面的体现:一是家庭教育具有不可选择性;二是家庭教育具有不可回避性。一方面,子女出生在家庭中,家庭是第一港湾,家庭关系的存在,家庭环境的存在,是人类繁衍生息的保障性条件;另一方面,家庭教育是保障性教育,是家长不可推卸的责任,在法律层面也受到保护。家长对家庭关系维护的过程中,要循序渐进潜移默化引导子女生成正确合理的道德观念。家庭教育对小学生道德意识的奠基性作用体现在家庭教育的终身性。相对于学校教育和社会教育的阶段性限制而言,家庭教育则持续伴随人的一生,使人们终身受益。家庭是子女接受道德观念的第一场所,是他们的情感体验和道德观念的发源地。子女的道德观念受家庭道德氛围的影响,其道德水平取决于家庭的教育观念和教育氛围。家庭教育对小学生道德意识的奠基性作用体现在家庭教育的方向性。家庭教育的方向性是客观存在的,把控着小学生德育发展的方向。类似于学校教学模式,在家庭教育中,家长处于主导地位,其举止言谈、性格观念以及对子女的期望所渗透的德育观念引导着子女的道德发展方向。我国有许多家庭教育的成功事例,如"孟母三迁""岳母刺字"等。南北朝时期颜之推提出的"父不慈,则子不孝"也是对家庭教育方向性的描述。家庭教育对小学生道德意识的奠基性作用也体现在家庭教育的社会性。个人和家庭都必须融入整个社会,不能脱离社会而独立存在,而且,小学生必定会随着年龄的增长,最终步入社会大环境,接受家庭和社会的双重教育。

案例

孟母三迁

孟子很小的时候，父亲就去世了，孟母依靠纺织麻布来维持艰难的生活。孟子非常聪明，看见什么就学什么，而且模仿本领特别强。

起初孟子家在墓地附近，每隔几天，就会有送葬的队伍吹着喇叭经过他家门口。好奇的孟子就跟着送葬的队伍学着吹喇叭，引得一群孩子跟在他后面跑着玩儿，大家一起玩儿送葬的游戏。孟母非常重视孟子的教育问题，看到孟子整天吹喇叭玩儿送葬游戏，赶紧就把家搬到了城里，住在屠宰场的旁边。搬到城里后，孟子每天都到屠宰场去看杀猪，那些屠夫杀猪时手脚利落，十分熟练。孟子看在眼里，记在心上。没过多久，他竟然能帮着杀猪了。孟母非常着急，又把家搬到了学堂附近。于是，每天早晨，孟子都跑到学堂外面，摇头晃脑地跟着学生们一起读书，并且变得守秩序、懂礼貌。当时，孔子的孙子正在这里当老师，他见孟子学什么都很快，而且记忆力特别好，就非常喜欢他，还让他免费进学堂读书。后来，孟子果然没有辜负孟母的期望，成为战国时期的思想家和儒家学派主要代表人物。

案例启示：

孤儿寡母，搬一次家绝非易事。孟母一个弱小女子，为了孩子居然不怕麻烦搬了三次家。何故，孟母深明大义，深刻了解环境对一个孩子成长的重要性。俗话说："近朱者赤，近墨者黑。""蓬生麻中，不扶自直；白沙在涅，与之俱黑。"这些道理在孟子的成长过程中体现得尤为明显，孟母深懂这些道理，才不厌其烦三次搬家。万事万物都是变化发展的，发展是内因和外因互相叠加，互相起作用的结果。小学生的成长也是如此，概不例外，其天赋秉性和是否刻苦用功是起决定性的内因，而外部环境，包括家庭和学校教育以及社会影响，也有很重要的作用，这个作用是不可或缺的。孟母三迁启示我们，环境是孩子成长和生活中重要的一部分，好的环境可以促进子女健康成长，对其形成良好的道德品质作用不可低估，而恶劣的环境则可能使子女变坏，并滋生不良道德。

二、家庭教育对小学生道德情感的传递

家庭教育的结构组成比较简单，一般为有限的各年龄段的家庭成员。但家庭教育内容在一定程度上相当于生活版的百科全书，学校教育和社会教育的诸

多问题会以家庭教育的形式反映出来,呈现复杂性和多样性的特点,因而,更具感染力。人类的繁衍不仅仅体现在生命的延续,还在于人类精神文明的传承。在家长和子女的交流互动中,家长的人生观、价值观、道德观,在潜移默化的过程中,以生活化的情景为依托,传递给子女,并且代代相传,实现了道德价值的传递。

就道德价值的传递而言,我们在弘扬传统道德文化时,要坚持"扬弃"的思路,即批判地继承我国传统的道德思想。一方面,我们要了解家庭教育的历史渊源,继承国家和民族在历史长河中积淀形成的优秀传统道德观念,其中,家训、家范和家风等就是道德价值的典型传递形式。这种家庭道德文化的传递,不但有利于推动道德文明的进步,同时促进小学生道德水平与社会道德大环境接轨,使其更快地融入社会,进而传递给下一代,完成传统道德观念的传承。另一方面,道德是一种社会形态,必须与所处的时代背景和阶级现状相联系,必须适应时代的发展和统治阶级的要求,因此对道德文明进行创新,在德育过程中对现有的道德观念、道德内容和道德行为注入新的思路,并通过家长和子女间的实践交流,不断修正,使道德文化得到发展和传递。

案例

裴氏十二句家训

1. 敬奉祖先:慎终追远,木本水源。生事死葬,祭祀礼存。立志向善,做贤子孙。贻谋燕翼,勿忘祖恩。

2. 孝顺父母:父母恩德,同比昊天。人生百行,孝顺为先。跪乳反哺,物类犹然。况人最灵,孺慕勿迁。

3. 友爱兄弟:世间难得,莫如兄弟。连气分形,友恭以礼。同心同德,团结一体。姜被田荆,怡怡后启。

4. 协和宗族:曰宗曰族,一脉相传。勿事纷争,和谐齐贤。尊卑长幼,伦理秩然。远近亲疏,裕后光前。

5. 敦睦邻里:同村共井,居有德邻。相维相恤,友助和春。勿生嫌隙,有礼彬彬。基层良风,家国亲仁。

6. 立身谨厚:谨身节用,明刊孝经。武侯谨慎,昭若日星。厚德载福,宽让能宁。谦虚自牧,喜怒不形。

7. 居家勤俭:勤能补拙,俭以养廉。丰家裕国,莫此为先。秃惰奢靡,祸害无边。惜时爱物,居安乐天。

8.严教子孙:家庭教育,立人丕基。诲尔谆谆,性乃不移。谨信泛爱,重道尊师。传子一经,金玉薄之。

9.读书明德:人不读书,马牛襟裾。学而时习,其乐有余。一技专长,生计无虞。立达希贤,典型规模。

10.淳厚戚朋:朋友五伦,以德辅仁。益友损友,择游宜珍。戚党姻亲,和洽如春。岁时伏腊,晋接礼宾。

11.慎重言语:一言兴邦,一言丧邦。圭玷可磨,言玷永伤。驷不及舌,语出须防。少说寡祸,发言有章。

12.讲求公德:置身社会,公德第一。爱惜公物,遵守序秩。时时警惕,留心错失。祛除自私,免贻人疾。

案例启示:

两千年间,裴氏家族冠裳不绝,德业隆盛,形成了独特的家族文化现象。究其根源,裴氏传承千年的家风和家规无疑是其彪炳史册的内在精神力量,《家训》12条《家戒》10条则是一脉相承优秀家风的集中体现。"训、戒"相互依存,引导族人"应该做什么""不能做什么",成为他们坚守精神家园的不二规矩。所强调的"孝顺父母""友爱兄弟""协和宗族""敦睦邻里""居家勤俭""读书明德"等,核心就是要求家族子弟崇德尚德,以孝友立身,以勤俭持家,以忠义为本,以才学自立,以仁爱待人,做到廉洁奉公、忠心效国。裴氏的《家训》《家戒》,千百年来谆谆教化后人,激励子弟成才,倡导干事立业,成就了"将相接武、公侯一门"的名门望族,其延绵千年的尚德、孝友、勤俭、才学、仁爱、廉洁、忠心效国,对今天良好社会文化的培育具有重要的现实意义,定将鞭策和教育一代又一代后人,修身立德,勤勉行道,明廉知耻,成有用之才,做有用之人。

(摘自 https://zbjjz.mca.gov.cn/article/lzwh/201607/20160700885003.shtml,有删改)

三、家庭教育对小学生道德行为的示范

我国古代有许多著名的教育观点,战国教育家墨翟关于人性的"素丝说"就是其中之一,墨翟以素丝和染丝为例,说明了环境和教育可以造就人,教育对人性形成和改变具有极端重要性,这一观点在社会意义上进步显著。家庭教育的基石是牢固的亲属关系,这一密切关系的存在,很有黏性地增强了教育行为

的"爆发力""感染力"。对子女来说,家长的道德行为在一定程度上是教育行为的直接表现。

小学生的人生观、道德观初步萌芽、生成和发展,囿于自身和外界条件的限制,他们浅层次的认知水平,致使自控力和辨别力相对较弱,容易出现这样那样的问题,亟须家长提供必要的引导和示范,以避免子女出现问题或者走弯路。家庭生活中,家长与子女朝夕相伴,其行为习惯、举止言行等潜移默化影响子女的道德品质和道德意识,甚至可能会出现"移情"现象,导致子女对家长进行刻意模仿。总之,亲情给予人以信任,以安全,这样的亲情存在和维系使处于小学阶段的子女对家长在情感上有强烈的依赖性、依附性,也使家庭教育在小学生道德行为方面有着不可替代的示范作用。

作为个体的家庭,是多样化的存在,其教育层次、文化水平和道德修养等五花八门,千差万别,这决定了其对子女的道德形成会产生或积极或消极的影响,积极影响对子女发展有促进作用,家长应从日常生活中规范自己的言行,严于律己,给子女做出好的榜样,将道德意识蕴含在生活实践中,引导子女的道德意识向正确的方向发展,对子女进行潜移默化的行为示范。父母良好的言传身教,将会对子女一生的成长和发展产生巨大的影响。中外典型的成功家庭教育案例有:洛克菲勒家族事业的创始人约翰·D.洛克菲勒用"身体锻炼和世界游历"帮助子女培养生活能力和确立人生目标;印度诗人泰戈尔的父亲与儿子一起学习,求知善思,在父亲的影响下,泰戈尔创作出大量关于社会、政治和教育的散文集等。

案例

在十九世纪时,洛克菲勒家族事业的创始人约翰·D.洛克菲勒只是一个周薪7美元的打工仔,但他通过个人奋斗最后创建了标准石油公司。

在教育自己的下一代方面,他制定了许多严格的"措施"。

约翰·D.洛克菲勒常常和孩子强调锻炼身体的重要,儿子上学时,他让儿子滑着旱冰经过中央公园到林肯学校,家庭司机只是开着车跟在后面。

另外,洛克菲勒家族很注重到世界各地游历对孩子成长的影响。

孩子很小的时候,就跟着父母、带着家庭教师和一大堆行李,开始飞越美洲国大陆、欧洲、北非等地。

案例启示：

德育唯一的路径是"知行合一"，这也是德育的指向所在。小学生处于"人生留白期"，其道德行为浸染着家庭和家庭生活的影响，家长的言行举止为人处世方式等以隐形方式"热传导"或者"热辐射"给他们。因此，可以认为子女的道德行为道德品质如何，很大程度取决于家长的道德行为道德品质如何。家长应从日常生活中规范自己的言行，严于律己，给子女做出好的榜样，将道德意识蕴含在生活实践中，引导子女的道德意识向正确的方向发展，对子女进行潜移默化的行为示范。从上面的案例中，我们得知约翰·D.洛克菲勒的家庭教育范式，增强了子女认识社会的复杂性和准确科学把握社会常理的各种能力和应变技能、技巧等，为以后确立人生目标，走好人生之路起到了好的作用。

第三章

中西方家庭教育及德育的理论基础

第一节 中西方家庭教育的理论基础

一、西方国家家庭教育理论

由于深层次的文化不同,中国和西方在家庭教育理论模式上存有较大差异。但中西家庭教育理论和范式无优劣之别,根植于各自的文化土壤。西方国家的家长们在家庭教育上有一个共识:教育的出发点即是教育的着眼点,通过家庭教育,借助家庭教育,把子女培养成对复杂社会环境有一定的适应性,独立生存力强的社会中的有机组成"分子"。源于此,西方家长首先注重子女的身体素质,这是家庭教育的第一重要内容,要求子女强身健体,提升自我体质。其次,西方家长家庭教育中注重对子女的抗挫折教育,甚至故意设置障碍,引导子女进入逆境,激励子女"享受"挫折,在挫折中激发潜能,锻炼意志品质。从家庭教育效果来看,西方的小学生自理、自立能力强,有经济头脑,抗挫折能力、适应社会的能力都很强。当然,欧美国家的家庭教育模式和思想也并非铁板一块,每个国家的历史文化和国情都不尽相同,因而家庭教育也有一定差异。

1. 美国家庭教育

美国是一个年轻的国家,建国不足三百年,且以移民为主。资料显示,美国目前人口约为 3.33 亿。由历史条件决定,美国有"民族熔炉"的称号,不同民族、不同肤色、不同国家的人民融合成了美国,并在美国这片土地上创造了崭新的独特的美国文化。美国的家庭教育(美式家庭教育)有自己独特的地方,在家庭教育方式方法和家庭教育内容上都有值得学习和借鉴的地方。

（1）教育原则：

一是归属原则：

孩子成长需要家庭、学校、社会等多重环境，但第一环境是家庭。家庭环境在孩子的成长过程中最为重要。因而美国人更加注重家庭环境的"健康性"，积极营造健康的家庭环境，最大可能保障孩子对家庭建立起一种强烈的心理认同的归属感。美国家庭竭尽所能优先保障子女在健康的家庭环境中成长。试想一下，家庭中父母或者其他家长，经常在子女面前争吵，对子女有什么影响，破碎的、长期分离的家庭，对子女又有什么影响，总结起来就是一句话，让子女缺少归属感。

二是希望原则：

希望也称为希冀。美国人认为，人生之路漫长，子女成长的过程也是漫长的，子女在成长的道路上，可能会有平坦的大道，也可能会遇到崎岖不平的小路，无论是哪一种路，无论是顺境还是逆境，都要多给子女以鼓励，鼓励子女让子女有自信心，这样子女也能明白自己可以怎么去做，鼓励他们顺利走出逆境，鼓励他们坚定地沿着既定的人生目标前行。不论有多么困难，都要让孩子看到希望，在希望中前行，在希望中找到生活前进的动力。子女的希望来自家长的鼓励，美国人也比较善于对子女说鼓励的话语。例如，"女儿，你是最棒的""孩子，你真是个天才"等。可以说，父母给子女最好的礼物就是永远让子女看到希望。

三是平等原则：

美国家长认为，人人生而平等，家长与子女也是平等的。家长和子女建立起平等的关系，在这种关系中，两者的交流应当是平等的对话，家长要尊重子女、信任子女。美国的家庭教育"把尊重子女放在第一位"，子女要求平等，和家长要平等权，是子女的权利，家长要予以尊重，要耐心倾听他们内心的声音，多理解他们的所思所想，决不能只要求子女服从自己的安排，要摈弃颐指气使居高临下的态度。心理学研究表明，平等也是一种爱的体现。家长与子女秉持的平等关系，可以给子女创设一个了解并理解世界的窗口，增加丰富的人生阅历，也可以让子女的心态变得平和温和，这种良好的与他人相处的态度可以不断加速他们的心理"成长"。

四是管束原则：

美国家长认为和子女平等交流,和子女建立起平等关系,不等于对子女不加以管束。美国家长普遍认为,管束是家长控制和指导孩子行为的有效手段。管束,就像个性发展一样,是一个逐步进化的过程,持续存在于家长和孩子一生的相互关系之中。美国的家庭教育离不开管束,他们认为子女在未成年之前是需要管束的,不管束就会"越轨"或者说"出轨"。管束子女主要是父母的职责,这个职责不能推脱到其他人身上。管束不是对子女进行无原则的约束,而是具有强目的性的对子女的一种"保护",这是管束的基本原则。在管束孩子的过程中,家长意识到孩子和他们自己都有独特的个性气质,这些性格特点又极大地影响着互相以什么样的方式对待对方。家长逐渐确立一系列自己的教育理念,不断寻求新的方法来管教孩子。

五是榜样原则：

榜样的力量是无穷的,精神的力量是伟大的,美国的父母格外注重榜样的作用。父母是子女的第一任老师,既然是老师,就要树立起榜样的力量。未成年子女,尤其是小学年龄段的子女,与生俱来善于模仿,善于向父母学习。他们的举止言谈都来自对父母的模仿,因而作为父母,要注重言传身教,为子女树立正确的榜样,意义重大。在美国的家庭教育当中,父母家长强调自己要承担更重要的责任,就是为自己的子女树立榜样,让孩子生活在一个非常正能量的家庭中,让父母的榜样不断的影响子女,只有自己以身作则,才能教育好子女学会以身作则。所谓言传身教,其终极目的就是为子女树立起好的榜样,用榜样的力量带动子女身心全面发展。

六是惩罚原则：

在美国,家长认为子女犯错误难以避免。如何对待子女犯错,一个重要的原则就是惩罚原则。当他们有过错的时候,作为家长要进行批评教育,但面对故意犯错或者较大过错,秉持"有错必罚"原则,而且要做到第一时间去惩罚。美国家长认为,惩罚不是随意的,家长"要以善意和尊重的态度进行惩罚",注重方式方法,分清惩罚场所。另外,惩罚所带来的一个问题就是如何把握一个"度",俗话说,过犹不及,就说明把握"度"的重要性。美国家长对这个"度"有很好的把握,他们认为适可而止的惩罚是最有效的惩罚,并能明确惩罚的起点和止点。此外,美国家长认为,惩罚和体罚不能简单地画等号,要注意惩罚原则的技巧和使用时机,并避免滥用。

七是后果原则：

美国的家长在家庭教育实施过程中，还要坚守一个原则，就是后果原则，这是美国家长底线思维方式的规律性总结。美国家长常常通过侧面渗透，让子女意识到做每一件事情的时候，要预知可能出现的后果或者说风险。子女做任何一件事情，家长都要提前预判，与子女一起分析交流做这件事情可能带来的后果和影响，这样防范意识或者说风险意识的培养，对子女影响较大，子女逐步养成凡事都要三思，都要预想后果的习惯，要求子女对自己的所作所为勇于负起责任来。从孩子懂事起，就应该让他明白，每个人都要为自己负责，也要对自己的行为负责，承担相关的后果。所以，给孩子足够选择的权利和自由，同时，让孩子学会承担必要的责任和后果。

八是界线原则：

界线原则也称为结构法则。界限原则有两层含义，一层是美国家长教育子女界线就是不能突破的底线，要牢牢守住。法律和道德是社会稳定发展的基本保障，在法律和道德两个层面都有底线存在，不能逾越，这个底线就是界线。另一层界线是指家长对孩子不要过多干预，要让孩子自行处理，家长要占据"界线"之内，不可越界。美国家长认为，一方面，子女需要依靠家庭，但不能忘了他们也需要独立，父母的认可不越界才是对孩子最大的保护；另一方面，面对自己的孩子更应该做有界限的父母，和孩子之间有界限才能更好地保持良性的亲子关系。

九是 20 码原则：

20 码原则是美国一条著名的家庭教育法则，与界线原则的含义有相通之处，但不完全等同，20 码原则是一个较为形象的说法，具体是家长要指留给子女 20 码属于自己的空间。其本质意义是指家长要尊重孩子的隐私，要让孩子有所独立，但独立有相对性，独立不是绝对的，无原则的，家长的监管不可缺失。

十是 4W 原则：

4W，是指家长对子女的动向有一个时时的动态性了解，是指家长要了解子女与谁（who）在一起，在什么地方（where），做了什么事情（what）以及何时返回（when）。作为一名合格的家长，家长需要牢记这 4W。美国信息技术发达，在网络时代，美国家长格外关注网络世界里子女的有关情况，如网络交往等，美国家长与时俱进同样关注着子女网络世界的"4W"。

（2）教育内容：

一是培养子女的独立性：

在美国，家长格外重视子女的独立性，并采取多种措施加以培养。家长们普遍认为培养子女的独立性要趁早，越早对子女的成长越有利。例如，家长要求子女在条件允许的情况下，就分床睡，之后随着年龄的增长，在小学阶段就要求子女独立打理自己的个人事物，家长尽量不干涉。凡是子女子力所能及能做的，力求自己完成，而非依靠他人。

二是培养子女的创造性：

美国科学技术发达，从根源上讲，与美国家长重视培养子女的创造性有一定关系。美国的家长很注意培养子女的创造性，在这个过程中"民主交流""诱导启发"是关键词。一般不采取把知识硬塞给子女的"填鸭"、说教的教育方式进行机械性灌输，全然不顾子女的兴趣好感受。而是注意引导子女去积极思考，去读书积累，用创造性的方式进行思维活动，结出创造性强的硕果。

三是让子女具有平等意识：

在美国，家长对平等意识有较深的理解，家长们普遍认为，家长和子女是平等的，二者是对等的平等关系。何为平等呢，一是家长可以对子女有约束（管束原则），家长也要自我约束，反省自己，绝不能放纵自己；二是平等本质上和尊重意义趋同，尤其注意语言和态度上，给子女以平等对话和平和的态度；三是平等是一种责任，美国家长通常教育子女要"争取"与家长对等的责任意识，并让这种意识逐渐深刻。

四是培养子女的动手操作能力：

动手操作能力是子女需要具备的基本能力，是子女适应社会生活的前提条件。较强的动手操作能力也有助于子女身心健康的进一步发展。当子女动手操作某一项目的时候，美国家长认为不论成功与否，这都是一种技能的训练，要耐心地跟上指导。例如，美国很多母亲并不拒绝带子女一起做厨房家务，这是他们的传统之一，除了带子女做家务，美国家长对子女要完成的各类课题也是倾力支持，学校要求的手工活动，一般都是整个家庭的智慧结晶。

五是让子女具有一定的责任意识：

培养子女的责任意识就是让子女有一颗责任心。美国家长通常有意识地教给子女某一项任务，以此锻炼子女独立做事的能力。他们还要求子女要有担当,勇于去承担责任,鼓励子女做事情要善始善终,持之以恒,决不能虎头蛇尾,半途而废。

（3）教育特点:

美国家庭教育的特点,由教育内容和教育原则决定,也是其具体体现。其特点的呈现是教育内容和原则的总结所得。具体来看,美国家庭教育具备三个特点:独立个性、民主开放和责任第一。如图 3-1 所示。

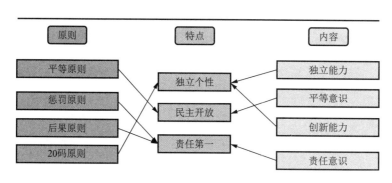

图 3-1 美国家庭教育的特点

2. 德国家庭教育

德国是中欧发达国家,欧洲最大经济体。德国的社会保障制度相当完善,整体生活水平较高。德国的家庭教育(德式家庭教育)有自己独特的地方,在家庭教育方式方法和家庭教育内容上都有值得我们学习和借鉴的地方。

（1）教育理念:

一是不迁就的尊重,不放任的宽松:

在德国,家长普遍尊重子女,他们认为子女是家庭中平等的成员,未成年子女也是如此,子女作为个体独立性的存在,需要跟他们进行平等交流对话。德国家长认为,家长不应权威性的高高在上,切勿让子女感到"低人一头",这些都是要注意的。德国家长同样认为,尊重是有原则的,不能无限放大尊重,对待子女不能无原则地迁就,子女想怎样就怎样是不行的,不利于子女成长。德国的家长为子女的成长提供较为宽松的环境,许可子女有自己的想法和行为范式,实现子女的自我锻炼。但他们同样认为,这种宽松的环境是有节制的宽松,而不是绝对的宽松,宽松的环境并非没规矩,要把界线意识守好守牢,实现二者的动态平衡。

二是培养子女的独立意识，做到尽量不干涉：

努力培养子女的独立意识，是德国家庭教育的重要原则，绝大多数家长遵循这一原则。在子女很小的时候，甚至是在子女的小学阶段，德国家长就尝试做"甩手掌柜"，他们认为，适当放手，才能让子女更好地成长，因而放手子女对自己的生活、社会交往和学习进行自我管理，让子女意识到自己存在的重要性和存在的独特价值。当子女具备了相对独立的生活能力，其长大后与社会生活的接轨便会顺畅，而不会产生"阻拒感"。当子女的社会行为在一定界限内进行时，家长一般不会干涉，而是给予尊重。当子女"越界"，家长则会"想办法把子女拉回到界线之内"。

三是培养子女具备良好的道德品质，做到全面共识：

子女的道德品质也是德国家长关注的焦点。家长利用家庭生活或家庭教育渗透对子女的道德品质的培养，这是德国家庭教育理论界的共识，也是家长们的共识。例如，家长经常教育子女爱护环境，保护花草树木，为做到这一点，当子女在咿呀学语蹒跚学步的时候，绝大多数的德国家庭就在庭院为子女开辟了一小块绿植园地或者草坪，让子女有意识地走进自然，走进环境，与花草树木友好相处；当子女再大一些的时候，家长会让子女种花种草，学会尊重自然中的生命。这个小例子表明德国人培养子女具备良好的道德品质是从小事做起的，从身边做起的。

四是尊重孩子的选择权，尽量不干涉子女的选择：

在德国，家长对子女予以足够的尊重，多层面的尊重。德国家长认为，子女个性特征迥异是正常的，这类似于我们的"百人百性""千人千面"，因此在生活学习等层面会遇到不同的选择，子女应当根据自己的兴趣爱好和独特生活经验做出自己主动的选择，自己认可的选择，这是子女的权利，作为父母，尽量不要干涉他们的选择，除非他们的选择有大的原则性问题。这一条为德国家庭教育的核心准则。德国的家长不会替自己的子女做出选择（我国的部分家长则替子女做选择），认为选择权是子女的，就要还给子女，如果家长替子女做出选择，就是变相剥夺了子女的选择权，是对子女的不尊重。

（2）教育特点：

一是家庭教育写入宪法，使家庭教育在法制层面有保障：

德国的最高法——宪法，对家庭教育有明确的阐述，这使家庭教育有了法律或者政策层面的保障。德国宪法规定,为人父母就要教育培养子女,这是天经地义,自然而然的,是父母的权利,也是义务。国家(政府)对学龄前儿童的教育是国家层面的操作,这种操作不可或缺,但作为一种辅助性的操作,不能起到主导作用,家庭和家庭中的家长才起主导作用。家长才是家庭教育的主导力量,家长是对子女进行教育和培养的核心力量。德国的宪法拿出较大篇幅,对家庭教育的对象、实施者和实施目的做了明确规定,可以说,宪法成了德国家庭教育的纲领性指导文件。

二是家庭教育理念深入人心,使家庭教育在意识层面有了提升:

擅长逻辑思维和哲学思考的德国人重视家庭教育的"定位",根据自己的生活经验和家庭情况会思考"为什么要培养子女,如何培养子女,培养子女成为什么样的子女",这是德国的家长和家庭教育理论界聚焦的根本课题。对这一问题,在德国有一个通俗形象的口号:我们(家长或者父母)要培养子女成为一个相对完整的人,因为我们的孩子本身就是一个聪明活泼完整的人。这个观点,在德国较为流行,可以说家喻户晓。这一观点的实质在于,家庭教育的主要责任人是家长,主要责任人要尽主要责任人的责任。

三是家庭教育注重民主和平等,使家庭教育在操作层面有了可行性:

德国家长认为,子女的成长不会是一帆风顺的,节外生枝很正常,遇到这样那样的问题也很正常。这些问题可能来自学习层面,如子女出现厌学现象,也可能是生活和社会交往层面的,如与朋友或者伙伴出现矛盾等。但不论哪种层面的问题,家长都能认可民主并发扬民主,用民主意识,以平等的姿态和子女进行交流,让子女说出自己的矛盾、困惑和心里所思所想,在民主的平和的气氛中,理解子女的看法,纠正看法中的"偏差",真正把子女当作平等独立的一员,做子女的朋友,而不是把自己放在一个高高在上的位置,这样家庭教育在操作层面具备了可行性。

二、中国传统家庭教育理论

文化是道德的外延,中国传统文化历史悠久,博大精深、灿若星辰、浩如烟海,是中华民族文明结出的硕果。中国传统文化是多元文化的集合体,儒家、道家、法家等学派互相融合,互相吸纳与包容,形成了人文文化史上独有的磅礴景观。中国的传统文化影响着家庭文化,进一步影响着家庭教育理论。

1. 儒家思想

儒家思想是先秦诸子百家学说之一,是我国文化史上浓墨重彩的一笔,影响巨大而深刻。孔子是儒家思想的创始人,孟子是集大成者,后经历代儒家发展并发扬光大,形成完整的有影响力的思想体系。孔孟二人为儒家思想的形成做出了杰出贡献。随着社会发展和时代变迁,儒家思想进一步发展,逐渐形成不同流派。儒家思想虽然有了分支和流派,但其五个字的"核心价值观"——"仁、义、礼、智、信"并未改变。

一是重义轻利

孔子认为,利和义面前,要"见利思义"。孟子则走得更远,认为"见义忘利"才正确,即重谈义,少谈或者不谈利。荀子对孟子的观点做了"中和",认为义和利均是人之所需,但他还是倾向于义。在重义轻利观念的影响下,中国人在家庭生活中常教育子女要为道义而奋斗,为了道义要有献身精神。"克己复礼为仁",孔子认为仁是核心的道德规范,这类看法深刻影响了家长对子女的教育,其中绝大部分思想起着正面的积极作用。

二是注重道德的社会性作用

儒家的主要代表人物一直认为儒家强调道德的作用是正确的。孔子看到了道德的"约束性"和"约束性力量",认为有了道德的约束,人们很好分辨该做的事情和不该做的事情,道德让社会产生了秩序和规范,人们遵守这种秩序和规范才能彰显道德带来的"人的崇高",所谓"道之以德,齐之以礼"。孟子对道德的重要性这一问题,有自己的新看法,他指出,政治、法律的形成和运行,是由一个基础的根本性力量作保障的,这个力量就是道德之力,离开了道德,政治和法律就是无源之水无本之木,寸步难行。荀子认为随着社会发展,政治和经济的重要性更加凸显,但他也认为道德是根本性,是治理国家的根本性因素。由上观之,儒家各派虽表述有所不同,但均强调并重视道德在社会发展中的作用,并把这种重视"升华"为片面的绝对化,即道德决定论。儒家重视道德的社会作用,这个观点有其积极进步的一面,但把这一问题绝对化、片面化,并不可取。

三是注重道德教育和道德修养

儒家学派认为,道德的作用不仅是社会层面的,也是家庭和个人层面的。孔子认为教育学生无非是四个方面"文、行、忠、信",而这个四个方面中核心是对学生进行道德的教育。孔子、孟子等儒家代表人物,结合其儒学思想和生活实践,积累了大量的教育经验,生成了体系化系统化较为完整的道德教育论。他们注重个人层面的道德修养,认为个人的道德修养甚至决定着国家的命运和兴衰,"修身、齐家、治国、平天下"。如何进行道德修养,儒家各流派在这个问题上有一定分歧,但都认为道德修养是可以提高的。儒家学派在教育思想上注重道德教育和个人的道德修养,这潜移默化地影响着中国人的家庭教育。

四是积极倡导互敬互信:

儒家学派注重个人的自我修养,认为个人的修养是可以通过努力来提高的。当个人的修养提高了,个人与社会的交往(人与人之间的关系)也就和谐了。儒家学派认为,对待知识要学会尊重,要善于学习,勤于努力;看待他人,要看到他人的长处,并积极汲取别人的长处,所谓"见贤思齐焉"就是说的这个道理。儒家学派积极倡导互敬互信,是很有道理的。这一点对中国传统的家庭教育产生了积极的影响,家长教育子女与人为善,尊老爱幼,立足社会要以诚信为本,"三人行,必有我师焉",积极向别人学习,与他人和谐相处,这些看法都是值得后人学习的极为宝贵的精神财富。

2. 道家思想

道家思想是与儒家思想交相辉映的中国古代思想文化史上的又一朵奇葩。道家思想起源较早,至春秋时期,老子做了精心梳理和总结,使道家思想系统化体系化,老子也成为道家思想的集大成者。与儒家思想一样,道家思想对中华文明也产生深刻的影响。道家哲学的核心思想在于对"道"的阐释和对"道"的运用。

一是道法自然:

何为"道",道家代表人物认为"道"是一切事物的根本性存在,是天地万物之本源,是万事万物总的法则或者律令。道家认为"道"即是"一"(本源性存在),或者"恒"(永久性存在)。"道"是时时处处存在的,但"道"隐藏于事物本质中,不轻易被人认识。"自然"不是单纯的现代意义上的大自然,而是"天"(天然),天地万物按照钦定的秩序天然地存在。人类对待"自然"要顺从,要服从规律的安排,依"自然"而行,如果人为地逆向破坏自然,会造成不堪设想的后果。道家认为,万物都有本,而道是万物的根本,道是自然而然的规律,万物依照道的活动轨迹(规律)而变化。对待道要有敬畏之心,要顺从,不可逆"道"而行。道法自然反映了道家学派对"规律"的朴素认知,从某种意义上说,道法自然是朴素的辩证法思想的萌芽。道法自然的思想有积极的一面,中国的家庭教育观深受道法自然的启示。子女的成长过程有着自身的规律,作为家长要顺规律而行,而决不能逆规律而上,要"道法自然",遵规而事,如果非要按照自己的意志行事,自己定规矩定方圆,对子女贻害无穷。

二是无为而治:

"无为"也是道家的标志性特征。无为而治源自《道德经》。但何为"无为","无为"的实质是什么,众说纷纭莫衷一是。但总体看,无为作为一种处理人与人、人与自身、人与社会、人与自然的态度和方式,道家哲学亮明了自己的态度,那就是所谓的无为只是表象上的无为,本质上是大有作为,只不过这个大有作为蕴藏于表象的无为之中。在表象上看,无为也是对的,无为可以理解为不能违背自然规律,顺大势而为才能成大器。因此,我们认为"无为而无不为"才是无为而治的真谛。从这个意义上看,无为而治与道法自然是有想通之处的,那就是要遵守规律,顺从自然,驾驭自然,从而实现"无为自化,清静自正"。无为而治对教育的影响也很大,对子女的教育既要有为,也要无为,所谓无为本质上是更大的有为,甚至可以说,无为而治是全部家庭教育的顶级意境。在家庭教育中,无为而治,并不是真正要求家长无所作为,对子女听之任之,不管不问,而是要用隐形的"引导"实现有所作为,对子女的兴趣爱好要引导好,对子女因性格脾气而产生的问题要"顺着引",而不能"逆着堵"。

三是不言之教:

"不言之教"既是道家的经典哲学思想,也是经典教育思想。"不言之教"首先是老子提出并着重强调的。这句话的意思是说,我们要做或者要行不言之教,如果真正做了或者行了,我们会获益很多,所获取的利益(收益)是普天之下万事万物不能比得上的,也是无法比的。不言之教是道家典型的家庭教育观,"教"是上施下效,不言之教,即是潜移默化中以身作则率先垂范的一种渗透性的教育方式,这种教育方式隐去了显性的较为激烈的言辞,用身教取代了说教。在家庭教育中,不言之教有着极为重要的意义,从不言之教我们可以得出一定的启示:家庭教育应当是言传身教的教育,而不是刻意的痕迹明显的说教式的教育,作为家长的父母理应是子女第一任也是最重要的一任教师,父母的一言一行,一举一动,哪怕是一个很细微的动作,一个不经意的眼神,都会对子女产生隐性的影响。这种影响貌似有时候很细小,但却能有着不同寻常的深刻性和持久性。子女便是在这种影响中有了启迪,有了熏陶。当前我国的家庭教育存在着注重刻意说教,忽略身教的问题。这样的家庭教育方式效果并不明显,家长的说教一开始是有作用的,但越往后,作用越小,当子女对说教有了"免疫力"之后,说教的作用很大程度上是一种"副作用"或者"负作用"了。我们知道榜样的力量无穷大,当父母不能成为子女的榜样后,家庭教育靠说教便走偏了方向。道家哲学中的不言之教,是我们在家庭教育中需要倡导的,不言之道也是建立平等、和谐、民主、开放的家庭关系之道。从这一点上看,这一道家哲学思想(教育思想)对我们教育子女是有借鉴意义的。

3. 传统家训文化的影响

什么是家训,其具体定义有多种,都有一定的道理,但并不完整。综合来看,家训就是家规,或者是家戒。这里的家,可以指小单元的家庭,更侧重指大单元的家族。家训作为一种训诫,主要通过家庭或者家族里的长者(长辈),用显性或者隐性的方式"传导"给后辈的。家训是我国传统文化的有机组成要件,家训对后人的教育呈现三层表现:立身(安身)、处世(处事,人际交往)和为人(一说为学)。家训对一个人的成长起着不可估量的作用,无论是身体方面的,还是精神方面的,家训是中国人赖以生存的精神故乡。

一是传统家训有着深厚的起源基础:

传统家训起源于个体和社会需求。显性的传统家训是家庭或者家族内的训诫之词,这是家训的"规定力",隐形的传统家训是家庭或者家族内部所进行的教育实践或者说是教育活动,这是家训的"执行力"。家训的产生,家训文化的盛行,本质上是人的需求的满足形式。家训是一种规范或者导向,这种规范或导向有了满足个人身心健康成长的文化"气质"。当个人的需求得到满足,并不断积累,家族的需求便得以满足,渐渐扩展,最终扩展到国家的需求得到满足。理论源于实践,家训产生于家庭出现之后,在家庭或者家族的社会性活动中不断总结和完善,形成了训诫之词,训诫之词反过来教育指导着家庭活动。不断往复循环,家训得以凝练和升华,并以形而上的形式成为中国传统文化的固定板块稳定下来。家训反映的是家长的教育追求,例如孝亲友爱、国富民强等就是这种教育追求的生动表现形式。家训是家庭或者家族内部的,但家庭或者家族是社会的,因此家训具有双重起源,即满足人的个体需求和社会需求。

二是传统家训有着"家国情怀"情结:

相对于其他文明,中华民族文明史是一部独一无二的大部头诗书。中华文明萌芽开始,就具备了"家国一体"社会发展运作模式的雏形。教成于家而行成于国的理念深深根植于人心,这种独特的育人理念,已经实践于历史早期(主要是西周时期)的家训活动之中。从这个意义上讲,家训在古代是无差别的绝对存在。也就是说,无论是帝王将相还是平民百姓,无论是鸿儒还是白丁,虽然他们对家训的内容和家训教育实践活动的态度有阶级性和文化性的差异,但他们对家训的重视程度是一致的,对家训的意义和作用的看法也是一致的。"家国情怀"的一体化模式决定了这个问题。平民也好,帝王也罢,他们把国看得格外重要,都希望国家长治久安,百姓安居乐业。家国情怀在我国传统的家庭教育中是必然性的存在,这个烙印深深刻在每个中国人心里,每个人也为更美好的"家国"不断去探索,并付出了自己的努力,在这一过程中,无论社会如何发展和变迁,熠熠生辉的家训文化便延绵不息的传承下来,逐渐沉淀为中华民族传统文化的优秀因子之一。

三是传统家训的教育作用无可比拟:

家训虽然具有家庭和社会两种属性,家训的第一属性还是家庭属性,社会是由家庭分子构成的。传统家训是在家庭或者家族中直接性的发生,这种发生从甫一开始就打上了家庭的烙印。人的自然属性和社会属性共同决定了子女出生于家庭之中,这是天经地义的,子女在家庭中成长和接受教育,家庭是子女的第一个课堂,父母是子女的第一任教师,这是任何人也不能否认的。一个家庭有什么样的家庭教育,决定了有什么样的子女,而家训恰恰是家庭教育淬炼的精华。几乎全部的中国传统家训,都对子孙后代的家庭教育持高度重视的态度,积极倡导依据家训开展实践性家庭教育活动,通过早期的家庭教育助力子女的健康成长。家训是奠基性的、启蒙性的、规范性的、持久性的,对子女一生的成长是任何其他教育活动都无法比拟的。

四是传统家训具有生活化常态化特征:

传统家训的力量表现于日常,表现于生活,传统教训使得家庭教育活动无时不在无处不有,成为日常生活中根深蒂固的存在。依照沿袭下来的家训传统,家训在某一特定时刻表现为仪式性的集中活动,我们在书中、电视剧中都有所发现,例如在家族祭祀、家族中某位长者过生日的时候,家训以集中家教的仪式呈现出来。但这样的特定时刻毕竟是少数,家训对子孙后代所产生的教育力量主要还是在日常生活中,家长对子女的教诲呈现生活化常态化的特征。一个人自一出生开始便融入家庭,融于家庭教育之中,家训如影随形,对一个人的影响是全方位立体式的,生活化常态化的家训,剥去了训诫之词所画定的条条杠杠,空洞无物不切实际的大道理不讲,而是润物细无声般的融入日复一日的日常生活之中,并在日常生活中凝固下来,成为不可分割的组成。传统家训的这一特征使之具有长久的生命力,家训是一种生命教育,传承家训文化并结合时代步伐加以创新,让优秀家训代代相传,家族才能强大,国家才能强大。

第二节　中西方德育的理论基础

一、西方德育理论基础

1. 美国德育理论方法

(1)道德认知发展理论。

道德认知发展理论由美国著名教育学家科尔伯格提出,科尔伯格的这一理论影响巨大,其被称为"现代道德认知发展理论之父"并不为过。道德认知发展理论主要涉及以下几个方面的内容。

一是小学生道德发展本质是其道德认知的发展,这是其实质和"内核"。小学生道德发展是由道德认知发展促进和决定的,小学生道德发展"是否成熟",取决于道德认知的发展水平和能力,而非其他。小学生做出的道德行为,从来都是主动认知的结果,是主动自我认知进行分析的结果。小学生道德水平存有个体性差异,本质上讲源自于其道德认知水平的差异。

二是建立"三水平六阶段"的道德发展模型。如表3-1所列。

表3-1　三水平六阶段道德发展模型

水平	年级划分	阶段
1. 前习俗阶段	幼儿园、小学中年级、低年级	1. 服从于惩罚的道德定向阶段 2. 相对的功利主义的道德定向阶段
2. 习俗阶段	小学高年级及其以上	1. 人际和谐的道德定向阶段 2. 维护权威或秩序的道德定向阶段
3. 后习俗阶段	中学、大学、成年人	1. 社会契约的道德定向阶段 2. 普遍原则的道德定向阶段

三是指出了道德发展的本质与条件。小学生的道德发展,是主客观因素互相叠加"映射"后催化的结果,既不是小学生主观性的"自由动作",也不是外界客观性的应激性发展。这种"映射"始于"小切口"初构,止于"大切口"认知结构生成,进而实现螺旋式转型、升级。从这个意义上看,小学生逻辑认知发展是其道德发展的必要非充分条件。

（2）价值澄清理论。

价值澄清理论是美国德育领域重要理论,其产生较早,经过发展完善,20世纪 60 年代形成独立的学派。拉斯是价值澄清学派的创建者,哈明和西蒙进一步发展了价值澄清理论。如图 3-2 所示。

价值澄清理论各代表人物一致同意,小学生的道德发展生态是脆弱的,不稳固,是由现实中多元价值观冲突所致。多元价值观的冲突让小学生无所适从,价值发展出现"徘徊与游移"性的"错位",进而易产生心理障碍。面对这一现象和问题,价值澄清理论提出,要重视榜样的力量,对小学生进行激励性的鼓励,才是值得倡导的。总体看,价值澄清理论认为,对小学生要尊重、理解,给其自由发展一定的空间,他们认为,帮助小学生掌握价值澄清的方式方法才是正道。

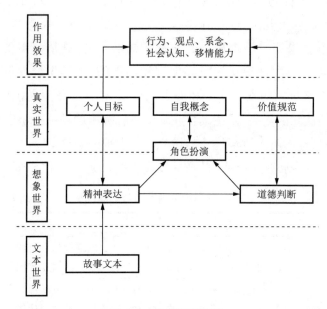

图 3-2　价值澄清理论

（3）社会行动理论。

社会行动理论是 20 世纪美国德育理论界的又一硕果。社会行动理论强调的是"行动",这是对价值澄清理论强调"道德认知结构"的拨乱反正。社会行动理论认为,价值澄清理论对对道德行动中存在的技能训练问题无计可施,其缺陷显而易见,这种缺陷容易使道德理论陷入纯粹理论化,而忽视了道德理论的实践活动特征。社会行动理论学家系统分析了学校德育理论和实践活动的具体表现,在此基础上提出了自己的理论观点,重新定义了道德和道德推动者,提出了公民在社会行动过程中的要素和条件,并通过开展一系列的实践活动来支撑自己的社会行动理论,验证自己的道德教育实践。

2. 德国德育理论方法

（1）朴素道德理论。

朴素道德理论是德国教育学家鲍勒诺夫提出的,其产生有特殊的历史背景。二战后德国的崩溃是全面的崩溃,扭曲的反人性的纳粹思想把德国的传统道德击得粉碎,精神危机使得德国人否定所有道德,精神世界一步步走向空虚堕落的深渊。这个时候重建道德和道德价值成为时代发展的需要。鲍勒诺夫顺应时代发展,提出"朴素道德"理论,他认为人要诚实守信,要富有爱心和同情心,要值得别人信赖,要关心、帮助、尊重别人,为人要正直,做事要踏实,这些自然而然的朴素道德观念是一切道德的基础。相对于所谓的高尚道德理论,朴素道德更加自然更加符合人的本性。高尚道德理论不是不需要,要想建立起高尚道德理论,必须打好朴素道德理论这个基础。因此,不论家庭还是学校,教育孩子形成朴素道德观念是第一位的。

（2）品格教育理论。

品格教育也是德国教育界重要的德育理论,这一理论是典型的布贝尔的德育观之一。布贝尔认为道德教育的实质是培养人的品格,道德教育与品格教育两者之间没有明显差异,甚至可以说是一回事。道德教育的目标是唯一的,那就是塑造人的品格。何为品格呢,品格是人的行为与内在态度相契合的高度统一的精神体,品格产生于人与外部存在的互动交流中。品格不是天然生成的,而是在后天环境和教育中逐渐形成的。品格教育就是教育人要有高贵的品格,通过发掘人性的善,剥离人性的恶,来形成品格教育。"人类的统一根源于个体的统一",这过程是艰难的,这也说明培养品格是艰难的,但并非不可完成,培养一个人品格有几个核心要素,这个核心要素就是,对子女的人格予以尊重,要求同伴之间坦诚相待,真诚相处,家长要激发子女参与道德教育的积极性和主动性,在生活中在细节中赢得子女的信任,这样才是品格教育正确的道路走向。

（3）价值教育理论。

价值教育理论,也称价值观教育理论。是布贝尔的另一种与品格教育联系密切的道德教育理论。价值教育理论与形而上的宗教也有密切关系,他认为价值可以与"上帝的神旨碰触",尽管这一理论有着浓厚的宗教色彩,但价值教育理论总体上看是有积极意义的。例如,布贝尔认为,价值教育的过程中,方法和手段不是一切,不是最主要的,最主要的是价值是师生之间或者家长和子女之间最真诚的互动最坦诚的对话,这才是价值教育的核心之处,也是价值教育的价值所在。为此,布贝尔曾提出几点建议,一是家长和子女共同研读宗教经典教义,从中汲取道德和价值的力量;二是学好科学用好科学,用科学的思维和方式理解并做出价值选择;三是通过家长的身体力行的演示,让子女获得道德观和价值观上的升华,开始学会独立的价值判断。布贝尔价值教育理论也可以说是宗教教育的一种变式,为德国以宗教为重点的家庭道德教育提供了理论上的依据和支撑。

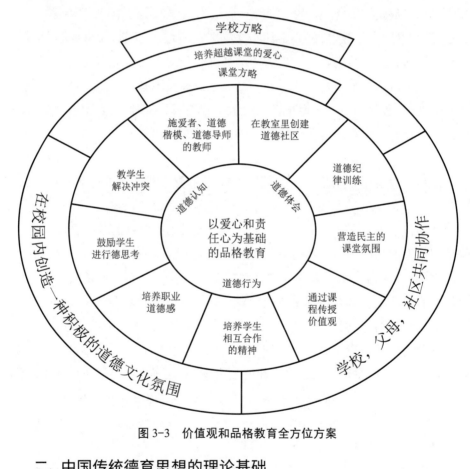

图 3-3　价值观和品格教育全方位方案

二、中国传统德育思想的理论基础

1. 儒家伦理思想

(1)人性相近理论。

《三字经》里这么几句话:"人之初,性本善。性相近,习相远。"意思是说,人一旦出生,来到这个世界,其的天然本性是相近或者相似的,都是善良的。之所以出现"习相远",在于后天环境的影响,是由后天"习得"的不同决定的,"习相远"是后天生成的。这是人与人之间道德水平存在差异的根本原因。儒家学派认为,伦理道德应当是现实生活中约束人们行为的准则、准绳,不能越过道德底线。既然是一种准则,就需要落实在行动上,在执行上去彰显伦理道德,而不能仅仅肤浅地把道德作为一种浅显的认识,让道德存留在口中或者心中,这样就把伦理道德的功用表面化、形式化了。这与实现道德价值的本质相差甚远。儒家伦理思想认为,道德既是一种认知,更是一种实践,是认知和实践的结合体,因而理论要和实践相结合,做到"学以致用",有实践这一"活水"的检验,道德认知就不会成为死的教条,而是会鲜活起来,流动起来,道德的价值和活力也才能充分展现出来,道德对一个人一生的导向性价值也才能充分体现。

（2）善恶论。

人性相近论和善恶论有着千丝万缕的关系。人性善,强调的是人的普遍道德,人的羞耻感、同情心、是非观等是与生俱来的,这种朴素的道德情感实现了对血缘情感的"逾越",血缘情感本质上是人的自然属性的表现,而道德情感是人在成长过程中自然而然形成的社会属性的表现。孟子认为,在后天环境中不能靠本能去维持"善",靠维持是维持不来的,要不断地去扩充"善",人的道德情感才会越来越高尚,人才能真正成为有道德仪式感的人。当"善"无法维持和扩充,恶便自然生成,恶的出现是人的道德本能受阻产生的,也是对自己的良心选择"自我抛弃"的结果,这与人在后天形成的私心、物欲、贪婪有直接关系。但是通过正确合理的道德教育,人的"善"是可以回归的,"人皆可以为尧舜"就是"善"回归后的结果。道德教育要充分发挥人的主观能动性,实现主动的自我重视,孟子的"明人伦""富贵不能淫,贫贱不能移,威武不能屈""舍生取义"等都属于对自我进行道德教育的范畴。

2. 道家哲学思想

（1）以道为本,唯道是从。

"道"是道家哲学思想的内核,"道"也是道家哲学思想的建立的基础。有了"道",才有了道家,也才有了道家哲学思想。论"道"是论道家哲学思想的出发点和着眼点。老子认为,"道"是活力四射的,是一切的本原。所谓"道生一,一生二,二生三,三生万物",就是讲的"道"是一切的"始","道"是一切的"一"。对于道和德的关系,道家认为要"以道御德",观察世界,要有道的标准,道能看清楚世间万象,能看清楚万事万物的本质。道家哲学认为,对人生的审视,决不能持有主观态度,决不能带有世俗偏见,这两者的高度相对于道的高度来说,差距巨大,因此要站在"道"的高度看人生、看世界、看生活。"以道观之,物无贵贱,以物观之,自贵而相贱,以俗观之,贵贱不在己"。综上所述,我们可以看出,以道为本,唯道在道家开展道德教育的过程中起着提纲挈领的作用。

(2)抱朴守真,返璞归真。

道家哲学思想认为"天人合一",即人来自"自然",最终的使命也是返回自然。所谓"抱朴",是指道家思想认为"人之初"性"朴实"。此为道家哲学思想在道德教育认识论的基础。道家哲学对待道德教育便传递出了"抱朴守真,返璞归真"的取向。"朴实""真诚"才能传递人的本质价值,道德教育能实现人对人的本质的回归,这是道德教育价值的最大意义和最好体现。道家认为人的自然本性应当得到应有的尊重,这是人能返璞归真的真谛所在。人最为宝贵的,是"人之初"时期的朴实本性,这种本性才是人本质上的"真性情",也只有这种"真性情",才具备强大的持久的生命力和影响力。我们实施思想教育,其目的不是对人性加以变革或者改变,也不是对人性进行精美的装饰,真正目的是让人朴素朴实的本性得以归位,回到"人之初"时期的朴素状态。道家所主张的人最初本性就是思想政治教育上讲的以人为本,是人性回归,是保持人性格的质朴。

3. 传统家训文化的影响

(1)传统家训为思想道德教育的整合提供生成土壤。

道德是人的道德,人是社会生活中存在的人,人的道德是在生活中逐渐生成的,各色各样的道德理念需要生活来整合,也需要生活来检验。道德发生于生活中,传统家训贯穿于这整个家庭生活,从两者的生活"交集"看,道德发生成为生活的必然。传统家训中的德育因子,并非空洞的概念,它鲜活地存在一代一代延绵不息的家庭生活中,是家庭生活具体情境的概括和升华。反过来说,传统家训中的德育因子并非固定不变,而是随着时代的变迁,随着家庭生活实践去粗取精、去伪存真,实现传承和创新。武汉大学欧阳祯人教授认为"家训的根本特性是再现生活、展示生活、总结生活、服务生活"。相应的,传统家训中的德育因子根植于生活土壤,也会进一步发展成长,最终成为生活价值的直观体现。由此观之,说传统家训为思想道德教育的整合提供生成土壤是恰当的合适的。

（2）传统家训中的德育为社会主义核心价值观的培育提供了支撑。

"家国同构"是我国传统文化的特点,对后世影响深刻。在当代,如何将国家意志、社会主义核心价值观通过"小切口"的方式内化为家庭价值观,仍离不开传统家训。传统家训生动活泼的形式,如言传身教,可以将国家层面较为抽象的价值观具象化、日常生活化,最终经过家训的"发酵"因子,实现社会主义核心价值观"润物细无声"的教化。从这个意义上说,传统家训是弘扬社会主义核心价值观的"鲜活载体"。从微观着眼,从微观去实践,实现宏观价值,让社会核心价值直达一个人的内心,直触一个人的灵魂,传统家训起到逻辑中介的作用,在以小见大中使得社会主义核心价值观内化为个人意志。如果就这一角度来看,我们的祖先以家训践履的形式确实构建起了将一般道德规范和价值原则渡向个体内在品性的逻辑中介与实践环节。

（3）传统家训德育思想为家庭中的德育提供内源性资源。

当前,我国社会正处于转型时期,致使家庭中的道德教育产生了很多问题,例如有些问题导致个别人爱慕虚荣、贪图功利、缺乏责任意识等。这些问题如果得不到解决,矛盾会集中爆发。要从源头上彻底解决这些问题,离不开以家训为代表的传统文化的"发力"。在我国历史发展过程中,传统家训作为一个具有鲜明特征的文化符号,彰显了中华文明最为本质的文化特性,传统家训使得家庭道德教育有了不限量的资源养分。传统家训中的德育思想犹如一盏明灯,指引着子孙后代树立起正确的"三观",向着光明的道路前行,让子女在为人处世待人接物,处理与社会的关系,处理与人的关系上不至于走向迷途。社会转型使得个别人的私心过重,道德失衡,产生了一系列严重的问题。在传统家训中聚焦道德教育,使之为家庭中的德育提供内源性资源,是传统家训不可忽视的价值。

（4）传统家训德育思想是个体德育发展的实现路径。

个体是千差万别的,满足个体发展的道德教育不应当是机械教条的,这种方式个体未必适应,而家训恰恰成为个体更为适应的实现途径。这是由家训的特点决定的。家训主要通过长辈的言传身教、家法约束等实现其存在的意义。家训的特点在于,一是血亲关系使得家训对生命个体具有约束性力量和境况性影响。所谓"夫同言而信,信其所亲;同命而行,行其所服",就是说的这个道理。二是家训的生活化姿态和具体化姿态可以在普遍社会道德规范与个体德育发展之间搭起一座沟通的桥梁。也就是说,在看似平淡无奇的嬉笑中体现出广博和深厚来,在平凡的生活姿态中演绎出高明来,在细微又繁杂的现实生活中彰显出一种悠久性的意义来。三是家训与人的形而上层面上的本质是具有同一性,生命个体有着不断的追求,想实现不断进步,而家训直指未来,目的是实现家庭理想化、稳定化、持久性的存在。

第四章
小学生德育视野下家庭教育现状及分析

　　家庭是社会的"细胞型"单位,家庭教育是家庭生活的重要组成部分,家庭教育对子女,对社会整体发展均有巨大影响。我国自古就有具有重视家庭教育的历史传统,新中国成立以来,特别是改革开放后,随着经济和文化的发展,家庭经济状况不断改善,家长对教育的关注度越来越高,对教育的投入意愿越来越强烈,家庭教育在小学生成长过程中的地位越来越重要。比之学校教育,家庭教育更侧重"育"小学生的"德"。近年来,国家也相继颁布出台众多包括小学生在内的涉及强化小学生德育的政策法规,进一步推动小学生德育工作发展。随着社会形势的发展,我国的家庭教育呈现出新的进步,也存在一些令人担忧的家庭教育问题。

第一节　家庭教育取得的成绩

　　新中国成立以来,我国社会趋于稳定,家庭和家庭生活也随即稳定下来。这使得家庭开展家庭教育有了外部条件性的保障,改革开放后,家庭物质条件得到改善,家长把更多时间和精力投入家庭教育中。改革开放也使得人们的意识、思维有了很大改变,家长的文化素养也有了很大的提升,越来越多的家庭开始高度重视家庭教育,家庭教育的终身性和早期性越来越受到重视,他们开始意识到对子女的培养起步于家庭,家庭是教育的基石,家长不断增加在物质和情感方面的教育投入,教育成果是显著的,尤其在小学生德育教育中的积极作用也日益显现。目前,家庭教育领域发生了一系列的变化,并为小学生在家庭中的德育教育创造了良好的条件,主要表现如下。

一、家长受教育程度普遍提高

截至 20 世纪末期,我国在教育领域取得了突破性成绩,基本上实现了普及九年制义务教育,完成了大规模的"扫盲"工作。"十五"期间,扫盲工作取得重大成就,全国共扫除文盲约 1 000 万人,成年人文盲率控制在了 3.2% 这一较低水平,这一成就是突破性的,与其他发展中国家相比优势极为明显。相应的,截至 2002 年,我国十五周岁以上的人口中,受教育年限已经由不足 7.6 年,提升至超过了 8.4 年。数字变化虽小,但是我国人口基数看,综合衡量,成绩引人瞩目。另外,在 2016 年,国家统计局发布全国人口抽样调查情况权威数据报告,数据显示,全国人口受教育程度相比十年前,又有了一个明显的提升。具体来看受教育程度这一指标,截至 2016 年,全国具有大专以上教育程度人口约为 1.7 亿,具有高中教育程度人口约为 2.1 亿,具有初中教育程度人口为 4.9 亿人,具有小学教育程度人口约为 3.3 亿。与 2006 年相比较,具有大专以上和具有高中教育程度的人口有了大幅度上升,具有初中及小学教育程度人口则成明显下降趋势。这反映了我国人口总体受教育水平呈提升态势。

我国是个农业大国,人口大国。农村人口占总人口相当大的比例,一定程度上说,农村人口受教育水平如何直接关乎国家总人口的受教育程度和水平。目前,我国仍存在着城乡二元结构体制,虽然相对于城镇家长受教育水平,农村家长受教育水平尚有差距,但这个差距正在缩小,农村家长受教育水平正在持续提升。这也从侧面反映出我国家长受教育程度在普遍提高。

大量的研究理论及实践结果表明:家长的受教育程度及各方面的素质状况对小学生的成长意义重大。如我国学者吕诺在《从"代写书信"到高等教育大众化》一文中提出,新中国刚刚成立之时,我国的文盲、半文盲人口占国家总人口的 80% 以上,其中十五岁以上人口的受教育年限平均仅是 1.6 年。1999 年的人均受教育年限提高至 7.11 年,并且第一次超过世界平均受教育年限 6.66 年。在过去的半个世纪里,我国取得了可喜的成就,教育事业也做出了持久而重大的贡献。国民的整体素质水平得到了普遍的提高,同时,也提高了家长素质及其对子女的教育能力。更为可贵的是众多家长越来越重视家庭教育方式,不断地反思和审视自己对孩子的教育,并采取了各种积极措施来提高自己各方面的素质。甚至有许多年轻的妈妈,在孩子的教养过程中,为孩子书写成长日记,记录孩子生活中的点点滴滴,经过不断地思考和改进,提高对孩子的教育能力。人们不仅开始关注家庭教育,还开始主动反思、积极探索更好的家庭教育方式,这是家庭教育史上值得称颂的跨越。

资料链接

新华社武汉 11 月 6 日电(记者廖君、赵婉微、潘旭、吴振东)近日,为了能竞选进入家委会,上海浦东某外国语小学一年级某班的几位家长,纷纷晒出"神履历""神学历"的微信截图在朋友圈霸屏。"我是 ×× 小朋友的妈妈,目前在知名外企做 HRD""我和孩子妈妈都是……我博士期间曾担任学生会主席""我工作于全球某投行,研究股市大数据……"从这些简历看,参与竞选的家长在学历、教育经验等方面都是极为突出的。

(节选自 http://news.youth.cn/sh/201711/t20171107_10971108.htm,有删改)

二、家庭教育投入总量逐年增加

家庭教育投入,也称家庭教育投资。这里的投入或者投资主要是指物质投入,而不是情感投入。家庭教育投入是家庭教育的基本物质保障。一个家庭对教育的投入或投资情况如何,可以从侧面反映出一个家庭对家庭教育的重视程度如何。新中国成立之后,尤其是改革开放四十多年来,随着我国社会经济发展水平的提高,无论城镇还是农村,正努力奋斗全面建成小康社会,实现全面建成小康社会不再是遥远的梦想。大河有水小河满,国家发展了,富裕了,人民群众的钱袋子渐渐鼓起来,人均可支配收入逐年提高。在这一良好形势下,受传统教育理念和传统文化的影响,我国众多家庭对子女的教育问题高度关注,尤其在子女的义务教育阶段,格外重视。众多家长在教育上开始大量投入,尤其侧重在基础教育阶段的投入,甚至到了全力以赴的地步。城乡和农村居民对教育的投入都出现了空前的提升,这使得教育消费成为家庭消费的主力军。当然,这种不遗余力的投入为子女未来的发展创造了良好的条件。最新的数据调查显示,从绝对数额上来讲,教育投入呈现大幅度增加态势。这一数据的变化说明,我国居民家庭对教育,尤其是基础教育的重视程度正与日俱增,对基础教育的关注度逐年提高。从城镇家庭教育支出情况看,在绝对数额上的增长是极为明显的。

据中国教育在线调查显示,50% 比例家庭对子女教育培训投入每年超过5 000 元,其中超过 1 万元以上的占比 25%。随着经济发展,家庭生活水平的提高,家庭对于子女教育关注程度也越来越高。

资 料 链 接

数据显示,2016年中国中产阶级家庭在子女课外教育上的年消费在10 000元以上的占比超过90%,年消费在20 000元以上的占比超过50%。从子女教育的消费理念上看,91.1%中产家长并不满足于最基本的教育花销,愿意在子女的教育上有额外经济投入;60%的家长在子女教育的经济投入上表现出更大的热情,其中有38.9%的家长愿意为得到最好的学习效果而投入更多,有21.1%的家长表示在子女教育投入上可以不计代价。

(摘自:https://www.chyxx.com/industry/201711/582547.html,有删改)

三、家庭教育情感投入少的情况得到改善

家庭教育教育的投入是一项综合性的投入,除了上述所涉及的物质(金钱)投入是一项必不可少的硬性投入之外,还有情感投入也是软性投入,也是不可或缺的。在家庭教育中只靠投入物质来解决问题是不可行的,甚至有时候会起到反作用。只有物质投入和情感投入的有效结合,才会为家庭教育带来有力的保障。随着家长文化水平的提高,教育理念的更新,越来越多家长认识到"金钱投入"代替不了"感情投入"。

家庭教育从本质上说是父母或者其他长辈亲力亲为对子女实施的教育,但是之前的情况并不乐观。在相当多数家庭中,家长对孩子的陪伴实践较少,陪伴精力也较少。陪伴是给子女最好的教育,部分家长并不亲自陪子女一起学习,一起玩耍。而是把这个责任交给了同龄的伙伴,交给了辅导机构的老师。家长不亲力亲为,陪伴子女靠不上时间,也靠不上精力,使得雇佣家庭辅导教师代行家长教育职责的越来越多。这一现象在城镇家庭表现得尤为明显。到了农村则是另一番景象。之前农村经济条件不好,很多家长忙于生计,无暇顾及子女,致使农村留守儿童较多,得不到家长更多的爱和呵护。子女只有两三岁,就入整托,到了小学阶段,住寄宿学校的情况也非常普遍。

随着经济和社会的发展,这一现象正明显改观。现在的父母,无论城市家庭还是农村家庭的父母,在子女身上的"投资"非常慷慨,对子女情感上的投入也不再"偷工减料""缺斤短两"。越来越多的家长开始意识到仅仅用金钱铺路打造子女的未来是绝对行不通的,再多的金钱投入也无法取代"感情上的投入",也无法取代应有的"责任与付出"。当家庭教育中的情感投入得到改善,子女与家长的关系也会得到改善,可以说情感交流是影响父母子女之间的关系

的一项重要因素。从某种意义上说,只有家长对子女进行情感上不间断地深情投入,获得丰厚回报便成为大概率事件。

当前,我国越来越多的家长正想方设法走进子女的内心世界,从内心真正向子女靠拢。综合运用心理学、教育学以及其他学科知识,依据对子女性格脾气的了解,想办法去了解子女的喜怒哀乐、情绪变化,真正关心子女除物质生活之外的精神世界。目前看家长的这种侧重在精力上、情感上的投入,正成为家庭教育发展的主流趋势。

笔者对陕西省某一小学的家庭教育情感投入做过调查,统计结果如图4-1、表4-1所示。

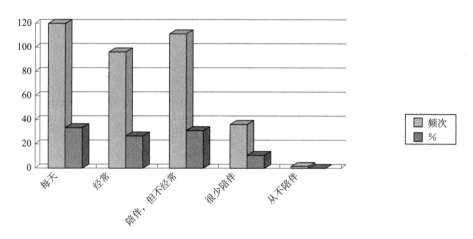

图4-1 父母陪同孩子学习活动的时间

表4-1 子女在面对挫折时家长的做法如何

	鼓励孩子,帮助成功	鼓励孩子让孩子自己处理	会责备、批评,但更会帮助孩子成功	责备、批评,有时还会打孩子	不关心不了解	合计
频次	188	117	46	10	1	362
%	51.9	32.3	12.7	2.8	0.3	100

资料链接

1. 莫言说:"为什么农村的父母也能培养出优秀的儿女?因为在教育方面,很大程度上,是家长的态度决定了下一代的幸福感与价值感,而不是他们有多高的认知水平。"

2. 2017 年 7 月 6 日,新浪育儿论坛认为,五种家庭最容易培养出优秀的孩子。一是懂得情绪管理的家庭,二是好好说话的家庭,三是懂得放手的家庭,四是爱看书的家庭,五是夫妻关系融洽的家庭。

第二节 家庭教育过程中存在的问题

随着人们生活水平的提高,家长们有更多的资金、时间和精力对子女进行教育,家长对教育投资的力度也是空前的。家长自身文化素质的提高,家庭教育投入水平的普遍提高,越来越多的家长开始重视家庭教育的情感投入,这一系列的条件,为家长关注小学生德育发展提供了一定的物质基础和精神动力,是实实在在的战略性保障。在看到家庭教育所取得的积极成效的同时,我们也需要有一个清醒地认识,要清醒地认识到,我国的发展还具有不平衡性,经济和教育事业发展地区性差异较大,某些地区教育事业的发展还存在滞后的地方,家长的素质虽然整体上有了提升,但局部性的差异还是较为显著,并且正呈现扩大化趋势,社会上还存在大量错误的教育观念,有些错误的教育观念甚至较为泛滥,这些都直接影响了家长的家庭教育观。

一、家庭教育观念模式化

家庭教育观念在家庭教育中具有指导性作用,指引家庭教育的方向。家庭教育观念正确与否,科学与否,直接影响家庭教育的成效。随着社会的发展,我国家庭教育观念也在不断发展,总体看,比之以前,家庭教育观念有了一定的创新和转变。但也要清醒地认识到,我国家庭教育价值观念多年来形成的模式化的状况未得到有效改变,教育观念一旦落入某种模式性的窠臼,必然趋向保守和滞后,从而远离开明和开放。模式化产生,有以下几个因素。

第一,传统文化中糟粕的影响力还较大,没有真正做到"扬弃"。文化糟粕具有历史的主动性,致使家庭中,家长和子女地位失衡。这种失衡在物质和精神上均有显著表现,具体说,家长说了算,家长做得对,家长对子女有着物质和精神双层牢牢"管控"。在历史的传承性家庭关系图谱中,家长处于天然优势地位,子女处于天然劣势地位。现代家庭教育理念认为,子女具有独立人格和平等权利,但现实中双方不平等的地位注定了子女难以获得家长的尊重。相当一部分家长认为子女,尤其处于小学阶段的子女,是典型的未成年人,身心发育尚不成熟,便惯性地忽略了子女的所思所想。家长忽略子女在家庭教育中的主体地位,仅将子女作为家庭的附属物或者家长的个人物品,受家长的领导和支配。《儿童权利公约》的基本理念是,儿童作为人类无异于成年人,他们和成年人一样,平等地享受同等价值。这表明家长和子女间是一种平等的关系,具体到家庭教育中,应该是"家长为主导,子女为主体"的教育关系。很多家长忽视子女的个性特征和兴趣倾向,将个人期望强加在子女身上,按自己的想法培养孩子。在心理学上,有一个专业名词"投射效应",指的就是这种"强加性活动"。家长将自己的意愿投射到子女身上,以己度人,往往会事与愿违,而且对子女正确"三观"的形成和发展也产生消极影响。

典型案例

2009年12月7日,辽沈晚报报道:初一男孩彭鹏(化名)进入青春期后认为自己是大人了,在班级里交了几个伙伴,经常谈论一些未来的设想和人与人之间如何相处的方法。父母知道后,强加干涉,认为这跟学习没有关系。彭鹏因此与父母产生了矛盾,最终离家出走。

第二,家庭教育成为学校教育的"变相移植"。家长在家庭中开展学校教育,重智育传授,轻德育滋养,易造成子女综合发展不平衡加剧,甚至失衡。不可否认,家庭教育与学校教育有共性的一面,但也各有各的个性,不能以共性取代个性。家庭教育生发的大环境是家庭,生发的小环境是家庭生活,是家庭生活中的渗透性存在,因而侧重的是对子女的道德教育,以德育完善对子女人格的培养。这些在学校教育中是无法独立实现的。学校教育自身的特点上显著的,高度的组织性、计划性,侧重的是对学生进行科学文化知识、政治和道德教育。由此可见,学校教育不能独立承担育人的所有任务。著名家庭教育专家康丽颖教授曾指出,家庭教育侧重在孩子的养护、养育和人格的培养,它不是学校教育的"第二课堂",或者说"第二个学校",因而不能"学校化",一旦家庭教育"学校化",将是家庭教育的一条不归路。她认为,家庭教育具有个人经验的传承和分享的态度,是一种非正式教育。当前部分家庭亲子关系紧张,其中一个原因就在于家庭教育在一些家庭成为应试教育的延伸,这就使得家庭教育的本质被遮蔽,家庭教育的功用遭到了曲解和误读,贻害无穷。这是家庭教育观念模式化的又一危害,值得教育工作者警惕,值得家长们深思。

新闻链接

2021年5月11日,在中国青年报社主办举办的"科技助力,以爱赋能——

家庭教育开启新征程研讨会"上,中国小学生研究中心家庭教育首席专家,教育部家庭教育指导专委会副主任委员、首师大特聘教授孙云晓指出,现在的家庭教育、家校合作存在一个很大的偏差,即家庭教育学校化、家庭教育知识化。"家庭教育有成为学校教育附庸的趋势。家庭变为课堂,家长变成老师的助教,这非常值得反思和警惕"。

第三,家庭教育的模式化也在于"行动上的盲目和跟风"。一些家长依照潮流办事,也就是盲目从众,盲目地复制其他家庭的所谓成功经验,完全忽略了子女自身的个性特点,也忽略了自己家庭的家庭环境,例如,部分家长为让子女有一技之长,也为子女在升学上有所谓的"加分项",热衷于让子女参加各类艺术班、奥数班、英语班、编程班等一些功利性的特长班,极个别家长甚至认为学好特长,可以让子女向"天才"看齐。这让子女压力倍增,也让子女在所谓的特长活动中迷失了自我,兴趣培养和知识素养能力的培养、提高,又从何谈起呢?

新闻链接

中国青年报发布文章《比"奥数热"更该头疼的是背后的畸形竞争》。编者评论说,虽然不少家长也深知孩子未必适合学奥数,但又不甘让孩子位居人后。在望子成龙、望女成凤的心理下,把努力学习奥数和孩子的成功绑在一起,"奥数热"背后是一种畸形的竞争与功利教育观。这种畸形模式来自成人的功利世界,但这种不顾实际的盲从和竞争逐渐侵蚀着童年的快乐与纯真。

二、家庭教育内容偏颇化

家庭教育具有复杂性和系统性特征,这一点从教育内容的丰富性和教育手段的多样性可以体现。具体来说,家庭教育坚持德育为先,其内涵和外延广,一般而言,包括以下几点:① 讲文明讲礼貌教育,即教育子女在学校生活、社会生活和家庭生活中的语言行为都要合乎社会规范,起表率作用;② 社会公德教育,让子女意识到社会公德重要性,使之具备优良公德;③ 品德教育,通过家庭教育提升子女的思想品德水平;④ 诚实守信教育,父母以身作则,让子女从小事做起,让诚实守信内化在子女心中;⑤ 友爱教育,培养子女具备团结友爱的精神,与他人保持良好关系,并能正确对待矛盾和冲突;⑥ 纪律教育,纪律对人的成长不可或缺,从小就让他们养成遵纪守法的好习惯是必要的;⑦ 爱国主义和集体主义教育,这是爱国主义的生动体现,对子女进行正确的人生观、世界观和价值观的三观教育,是家庭教育的核心内容之一。当前,家长日益加大对子女的物质和情感的"投资力度",家庭教育逐渐充实,家长高度重视,这值得欣慰,但家庭教育内容出现偏颇同样值得警惕和反思。

1. 重养轻教

我国近年来出现的一个突出问题是,学生自杀或者"准"自杀行为逐年增多,这甚至蔓延至小学生群体。2012 年 5 月 4 日上午 8 时,巫山巫峡小学六年级 2 班的 4 位小学生集体服毒自杀,幸好有关方面抢救及时,4 名同学基本脱险。2020 年 12 月,四川泸州一名小学生留下一张字条后从小区楼上跳下身亡。他留下的字条字体稚嫩,但语气却十分老成,"遗书"中写道:"我活得太累了,我只希望能多睡一会儿。"2021 年江西九江市一 11 岁小学生因为老师的过激语言,留下了一封遗书跳楼自杀。面对一条条触目惊险的消息,我们不得不深思:为什么这么多小学生轻生?他们的心理素质为何这样差?家长在家庭教育中是否有欠缺?

家庭教育是小学生的启蒙教育,家长对子女的教育方向、教育内容对他们今后的成长至关重要,家庭也是他们思想道德意识的发源地。但很多家长对家庭教育的德育职能存在着诸多误区:有的家长认为道德观念过于抽象,子女年龄尚小,心智不成熟,对他们进行道德教育没什么意义;有的家长认为道德教育是学校和社会的事,只需要在学校和社会中进行,与家长关系不大,家长只需要关心子女的身体健康和正常生活即可,重教轻养就此产生。

从心理学视角看,重教轻养容易致使子女产生心理问题,甚至患有心理疾病。目前,我国的家庭结构呈现"袖珍型"态势,直接导致家长对子女过分溺爱,也让家长对子女的期望值增高,家长容易进行横向比较,即把自己的子女和别人的子女比较,这让子女反感,在心理上产生不适感是必然的。当子女心理出现问题时,家长要采取多种手段及时处理,目的是对他们进行心理疏导或者心理调适。但有的家长一味地继续"施压""吐槽",会急剧加重子女的心理负担,造成的后果可想而知。上述问题本质是重教轻养的结果。部分家长要求子女完全按照自己的要求行事,无论从物质上还是精神上都实施高度的"管控",把子女管得越紧,子女的压力相应地就会越大,这是自然而然的,这样做同样会有不良后果产生。综上所述,我们可以预知,重教轻养,会导致子女看不到希望,看不到未来。

资料链接

重养轻教？化解"隔代抚育之痛"，社会政策要发力

有学者指出，隔代抚育的最大弊端在于"重养轻教"，也就是所谓的"隔代亲"问题。许多年轻父母发现，把孩子交给老人长期抚育后，孩子在得到老人无微不至的关心的同时，往往也得到无原则的溺爱，饭来张口，衣来伸手，缺乏生活的独立性；更严重的是会形成以自我为中心的性格，理所当然地认为周围的人都应该像爷爷奶奶、外公外婆一样对待自己。而且，在中国"孝老""敬老"的传统文化影响下，孩子父母指出老人照顾孩子的毛病，往往不被社会文化和老人自己所接受。此外，许多年轻父母自身心理还不够成熟，工作生活都需倚重老人，从而导致家庭结构界限不清晰，加剧了家庭内部成员间关系的复杂性。

（摘自 2021.10.11 光明网，有删改）

2. 重智轻德

在高考"指挥棒""魔法棒"的隐形影响下，相当一部分家长看子女进步唯一的标准就是分数或者成绩的提高，其他基本可以忽略。一项调查表明，30%左右的中国父母希望子女具有研究生学历，60%则希望子女将来具有本科学历，8%希望子女将来至少具备大专文凭，仅有2%的家长不太在乎子女的学历文凭，认为高中、中专，甚至初中学历也无所谓。社会现实如此，假如家长的教育理念固化不变，先进的教育内容和方法都无用武之地。在应试教育、个人经验和投入期望的多重影响下，家长高度重视子女的知识和学历水平，也就不足为奇，因此家长们自然而然放松甚至忽视了子女德育的培养。

目前择校问题是社会热点问题，这一问题不仅是社会问题，更是家庭问题的写照，是家庭教育重智轻德而引起的"继发性"问题。为给择校热降温，国家层面出台了"就近入学"、"均等教育经费"、《义务教育法》等多项政策措施，但效果并不明显，择校势头不但没有减弱，反而愈演愈烈，给广大家长的家庭教育增加了负担，在学生之间形成一种攀比心理，让国家"减负"的政策成了一种口号。笔者曾做过一项调查，家长关心子女的什么，结果80%的父母选择关心子女的学习成绩，将关心子女的品德放在第一位的不到15%，还有部分家长对这一问题说不清楚。这从一个侧面说明了家庭教育重智轻德程度之深，令人深思。

家庭教育的核心是立德树人。家庭教育首先要做的就是立德树人，培根铸魂，对子女进行思想品德教育，而非文化知识教育。开展道德教育，家庭教育优

势明显。但重智轻德的现实困境使得家庭教育的价值取向严重"偏航",家庭教育的核心价值遭到了破坏、扭曲,甚至瓦解。从本质上看,家庭教育之所以越轨越线,是为了培养子女所谓的"核心竞争力"。我们可以理解的是,社会转型期间,社会竞争加剧,社会生存压力变大,这是客观存在的事实,但家长为了提升子女的"竞争力"就不择手段地进行"狼性教育"是严重错误的。家庭教育首先是爱的教育,有爱才有未来。家长不能把培养子女有爱心有高尚道德和培养子女具有较强的竞争力对立起来,如果对立起来,家长会直接越过前者选择后者,家庭教育中的道德价值观教育会越来越边缘化。

资料链接

檀传宝:家庭教育要避免重智轻德

重智轻德的问题其实由来已久。因为从社会发展的角度看,人类社会从古代发展到现代,与智育相关的领域如科学技术所发挥的作用越来越大。

而从个人生活角度看,孩子在智力上有没有得到很好的发展,也的确关系到他未来生活水平。大家都想用知识改变命运,不仅要考上大学,而且要考上名校,登上人生巅峰,都是可以理解的事情。

但现在的麻烦是,重智轻德所产生的社会问题已经越来越严重,而且很多社会问题又是单靠智力开发解决不了的,比如,人与人之间的关系、人与自然之间的关系、国家的纷争、文化的冲突,等等。

加上当代科学技术发展突飞猛进,社会悲剧如战争杀戮的效率反而比冷兵器时代提高了很多,给人们造成更大的痛苦。

重智轻德对儿童个体最大的危害,则是生活意义的消失。

美国著名心理学家马斯诺提出过"超越性病态"的概念,意思是当人的基本需要得到满足后,如果长期不关切精神需求,就会产生无意义感、无聊感、枯燥感、空虚感等感觉。

（摘自:https://www.sohu.com/a/311053087_756266,有删改）

3. 重言轻行

重言轻行本质上是一种形式主义,这种积习指家庭教育中家长刻意注重对子女的说教,忽视了身教的存在。说教有一定的合理性,合理的科学性强、针对性强的,又契合子女实际情况的说教效果也较为显著。当然,说教的过程讲究一个"度",说教要在尺度之内进行,这样的说教才有价值意义。说教也是一门艺术,如果把恰如其分的说教说得有艺术性,说得简洁明了,说出新鲜意义来,效果更大。但家长要清醒地意识到,说到重要,做到更重要。说到和做到都不能缺失,两者的"双保障"才能使家庭教育的成效更大。颜之推曾在《颜氏家训》中提出了"同言而信,信其所亲;同命而行,行其所服"的观点。这表明:家长必须以身作则,赢得子女的信任和尊重,用自己的言行起到示范和榜样作用,真正做到言传身教、身体力行。家长只有做到言行一致,在日常生活中时时处处做子女的榜样,能用身教就不用言教,或者使用身教和言教相结合的方式,家庭教育的全过程才会显得生动活泼,才会更加具体,效果才会更明显。如果仅仅使用刻板教条的说教,整个教育过程就显得死板抽象,甚至有反面的作用。

小学阶段的学生,年龄在 6～11 岁,认知能力和理解能力有限,家长常常以报效祖国、勤劳勇敢等抽象的词汇鼓励子女,缺乏实际的生活行为示范,使子女处于一知半解的状态,无法体会其中的内涵。这种在家长的抽象说教下自主构建的德育体系很容易在外界信息冲击下解体,走向极端。

资料链接

家庭教育重言传轻身教

宝安区近期一份家庭教育调查报告显示:家庭教育方法有了显著改善,但"身教重于言传"的观点尚难普遍落实,能认识到身教更重要的仅占三成多。

这份调查报告显示,八成以上的受访家长认为教育孩子应"鼓励,或多鼓励少批评"。以上调查显示,大多数家长育人方法的进步影响孩子的接受程度,但部分家长重言传轻身教的缺陷影响了家庭教育的质量。受访家长中有六成人认为言传是最好的办法,能认识到身教更重要的仅占三成多。从对孩子的问卷中,喜欢读书的家长仅占三成多,这表明,在学习上,很多家长难以成为孩子的榜样。对孩子的问卷还表明,23%的家长与孩子相处时,见有人乱扔垃圾时什么也不说,甚至有的家长自己也乱扔垃圾。问卷中要求孩子们对家长提出一条意见,属于家长自身素质问题或要求家长以身作则的意见如"希望父母不要赌博、戒烟、说到做到、参加一点社会公益活动、以身作则"等占三成以上。

（https://news.sina.com.cn/c/2003-04-14/1437995077.html）

三、家庭教育方式简单化

家庭教育方式上多样化是家庭教育的常态化存在。子女的个性是生动的、具体的有差别的,因而家庭教育方式也要相时而动,随机应变。教育方式力争科学、正确、针对性强。家庭中子女的成长因此而受益良多;相反,倘若家长的教育方式是错误的,不科学的,弱针对性的,则会直接伤害子女的身心。现实生活中,家长对子女一味地训斥,认为不打不成才;要么过分溺爱,在物质上无限制的满足子女;还有的家长对子女不闻不问,不与子女沟通交流,忽视子女的想法;以上三种场景,我们并不陌生。这些教育方式,把问题简单化,教育效果形同虚设。

《父母必读》中有段经典的话,值得我们深思:家庭教育问题是高难度的教育问题。年轻父母教育子女有的因循守旧,依靠父辈或者祖辈的教育经验,自己没有形成自己的东西,他们认为家庭教育事关重大且纷繁复杂,教育子女时感到力不从心,如履薄冰。面对困难,有时求助于人是盲目的,获得的建议未必靠谱,甚至是有害的。我国的家庭教育方式相当程度上也承接了"祖传父,父传我,我传子"的传统式的陈旧家庭教育方法,致使普遍存在着一些偏差性教育方式。

1. 娇宠溺爱的教育限制了小学生年潜能开发

家长对子女疼爱有加,是天然的现象存在,并无不妥之处。但爱的尺度在哪里,如何实现爱,需要探讨和思考。疼爱子女,需要把握一个"度",这个度就是尺度,过犹不及,跨越这个"度",爱就出格变成溺爱,溺爱对子女是一种伤害。过分溺爱子女的家庭不在少数,这种家庭环境中,家长视子女为掌上明珠,爱如珍宝,长期如此,势必助增子女的依赖性,有些子女甚至依赖到"生活无法自理"。这种情势下,无限度的娇宠溺爱会成为子女的沉重负担,子女长大后与社会脱节,难以立足社会。

家长对子女的过度保护使子女在无形之中就减少了与同龄人互相交流的机会,子女在一个相对封闭的圈子里生活,相当于一种"圈养"。当子女经常独处,缺乏与同龄人的交流时,他们便很难接触社会、了解社会,与社会相隔了一段较长的距离,很少有机会学习与别人相处的方式和技巧,更多的是活在自己"理想"的世界里,因而变得自我、孤立,还缺乏集体意识。在我国的很多家庭中,特别是当今社会典型的"421"独生子女家庭——四位老人和父母共同照顾一个孩子,家人的一切包办必然使孩子缺少了一种敢于付出、勇于奉献的精神。

家长对孩子的要求无原则地满足,就会使孩子掉入自我中心的旋涡,形成自私自利、蛮横无理和缺乏耐性的性格。家长需要和子女建立亲密的关系,但亲密也有度,亲密不等于过度亲近,这个"度",如果不能够很好地把握,对子女的身心发展也会产生一些负面的影响。

2. 过分放任的教育削弱了家庭教育的德育功效

2023 年 3 月 1 日,最高检召开新闻发布会,最高检党组副书记、常务副检察长童建明介绍,近年来,随着经济快速发展、社会日趋多元,未成年人犯罪有所增长,且呈现低龄化趋势。2018 年至 2022 年,检察机关受理审查起诉未成年人犯罪 32.7 万人,年均上升 7.7%;其中不满 16 周岁的未成年人犯罪从 2018 年 4 600 多人上升至 2022 年 8 700 多人,年均上升 16.7%。小学生学生犯罪低龄化趋势出现的原因,除个人因素以及社会上负面信息传播的影响之外,家长对子女的过分放任也是致使小学生学生误入迷途的重要因素。

家长对子女过分放任,是不负责任的,是严重的责任心缺失。这样的家长认为子女的成长在于学校,在于社会,与自己关系不大,他们对子女的教育漠不关心,家庭教育无从谈起。总体来说,这样的家长往往以自己太忙为借口,把子女的生活完全推给子女的祖辈或保姆,把子女的学习完全推给学校,推给老师或者推给辅导机构,他们还把自己应当做的,教育子女的为人处世等完全推给社会。过分放任的教育方式对子女的危害极大,会持久影响他们的学习、工作和生活。

家长在教育孩子的过程中,缺乏原则、任其发展,极大地削弱了家庭教育的德育功效,这种错误的教育方式主要体现为两类家长:一是家长因工作原因,与子女的沟通很少,缺乏必要的责任心,对子女的成长缺乏有效的引导,有限的沟通内容也仅限于学习话题,忽视子女对家庭的情感需求。二是家长因为一些客观上的原因,无法与子女长时间接触和沟通,因而,对子女在物质和金钱上无原则满足,并纵容一些不良的生活习惯。

3. 专制独裁的教育抑制了小学生的个性发展

在我国的家庭中,家长实施专制独裁的教育,较为常见,这种教育范式也最为严厉。在这类家庭里,家长往往围绕一个词做文章,那就是"控制"。其想控制的是子女的方方面面,包括学习和生活。家长会为这种控制找所谓合情合理的理由,要求子女严格遵守执行。此类家庭,家长与子女之间的唯一沟通就是家长对子女的命令,开放型、民主型的沟通在此类家庭几乎不存在。家长的专制独裁,在实施初期尚有一定效果,拉长时间轴后,子女会强势反弹,直接降低接受度。为树立威严,家长便采取暴力惩罚方式迫使子女就范。所谓"物极必反",就是这个道理。调查显示这类家庭中子女容易产生恐惧感,严重的甚至会危害到其社交。需要引起家长的深刻反思。

可以想到,这类家庭中父母把子女当作自己的附属物或者私有物品,让子女从属于自己。他们常说,"我走过的桥比你走过的路还多",借自己丰富的生活经验,滥用权利,认为子女的一切要听从自己安排,至于子女的独立性、独立人格,不去考虑。还有一部分家长,不但专制独裁,而且自身素质较低,教育思想落后,两者叠加起作用,子女苦不堪言。例如,一些家长为子女以后的"竞争力"着想,让子女无条件服从自己安排的这兴趣班,那特长班,严重制约子女的个性发展,制约了子女的健康成长。

资料链接

专制家长会给孩子带来危害

父母的这种专制作风,会给孩子的成长带来一系列危害:

1. 产生逆反心理

生活中有的孩子犯了错误,试图找出理由为自己辩护,其目的无非是为求得父母对自己的谅解,这种心理很正常,也是孩子鼓足了勇气才这样做的。如果父母武断地加以"打击",孩子会认为父母不相信自己。对父母的这种"蛮横"做法,孩子虽不敢言,但心不服,以后孩子即便有更充足的理由也不会再申辩了。孩子一旦形成了这样一种心理定势,父母的批评就根本无法接受,还会把父母的训斥权当耳边风。

2. 形成认识障碍

一些犯了错误的孩子,因为没有真正认识到错误而与父母争辩。而这时父母简单粗暴地不给孩子争辩的机会,不让其通过"辩"来分清是非,根本性的问题其实没有真正解决。由此,孩子的认识就会逐渐产生偏差。

3. 扼杀新思想

一个想"顶嘴、辩解"的孩子,往往能将是非、善恶权衡在自己的评判标准上,显示了不唯命是从、求实明理的思想特质。许多孩子正是在有所听和有所不听的过程中,逐步学会了认识问题、处理问题的能力。而父母"不许顶嘴"的高压使孩子产生了唯唯诺诺的心理,这让他们以后如何创造性地解决问题、处理问题呢?

（摘自双鸭山新闻网教育频道家庭教育栏目，2009-3-24日，有改动）

4.简单粗暴的教育激化了小学生的心理逆反

简单粗暴的教育方式并不科学，是极端和片面的，因此也并不可取，但现实中也普遍存在。是不科学不可取的教育方式，也是较为极端和片面的方式。执行这一教育方式的家长盲目崇拜"不骂不成才，不打不成器"这一信条。对待子女，甚至处于小学阶段的子女，他们的语言和行为都具有凌厉的攻击性，甚至可以说是粗暴。棍棒教育，不完全否认没有一丁点效果，但这种效果是被动的，暂时性的，拉长时间维度看，消极作用无限大，积极作用无限小。简单粗暴的教育严重伤害的子女的身体，也伤害了子女的心理。归根结底，家长依然觉得自己高高在上，认为子女并非家庭中平等一员，子女就应当处于弱势地位状态。处于小学阶段的子女，尤其小学高年级子女易冲动，较为敏感，夹杂着一些情绪化，也有很强的戒备心，开始变得不想再顺从家长，对家长的管制渐渐产生逆反心理。常听父母这样抱怨："我家孩子小时候非常听话，现在管不住了。"有这种抱怨很正常，家长的简单粗暴必然导致子女的反抗。可见"棍棒底下出孝子""不打不成器"等传统古训的思想有其糟粕性的一面，绝不能全盘吸收。小学生也有独立的人格，需要宽松的生活氛围和家长的正面引导，简单粗暴的教育方式不但伤害了他们的身体，也伤害了他们的心灵。教育需要惩戒，但不能滥用惩戒，惩戒更不是"暴力"镇压。

资料链接

粗暴教育的后果

父母或者是家长粗暴的教育方式，会导致孩子出现两种发展趋势。它会使孩子向两个极端更加强化。一是胆小的孩子。会更加胆小，越来越自卑、自责，向内攻击自己的身体。二是胆大的孩子。小的时候他会容易暴露急躁。青春期会更加叛逆。他会把内心的愤怒发泄到周边的人或社会上，他会主动攻击他人或社会，他指责抱怨社会，像个刺猬。希特勒就是这样的人，小时候没有被善待过，他的养育人对他非常的粗暴。

（摘自简书，2021-12-10）

四、家庭教育背景复杂化

家庭教育背景是家庭背景的内涵之一。何为家庭背景,不同学者有不同解读,这里的家庭背景,有个侧重点,统一指历史背景和现实环境,这些背景对一个人的发展起着重要甚至是决定性的作用,因此,研究德育,研究家庭教育,离不开对家庭教育背景的研究。详细一点,家庭背景内含了社会发展中的政治的、经济的、文化的因素,这些因素又融合于宏大的历史背景和强烈的现实的环境之中。由面缩到点来看,具体到每一个小学生来说,家庭是他成长的众多背景中,一个比学校背景和社会背景更为重要更为直接的现实性背景。小学生成长的社会环境相同,子女的人生之路从小学开始就走向不同,原因何在,家庭背景不同。我们甚至可以说,这里面家庭背景起着关键性或者决定性因素。分析家庭背景和家庭教育背景,需要聚焦的因素很多,家庭经济情况、家庭社会地位、家庭成员情况、家长的学历学识、性格脾气等都是核心关注点。

1. 盲目的家庭教育投入

家庭教育离不开家庭教育投入,家庭教育投入与家庭经济状况息息相关,起决定性作用。伴随着经济社会发展,我国家庭教育投入逐年上升,趋势明显。但我国家庭教育投入方向较为单一,呈现片面性投入特征,家庭投入多用于支持学校教育,对子女进行特长培训等。这种倚重于物质投入,缺乏感情投入的不平衡投入趋势是非理性的,家长进入了一个封闭性认识误区,难以走出来。这类家长认为钱是万能的,"钱可以解决一切问题,可以摆平一切问题"。无节制的资金投入到奥数班、英语班、美术班、编程班中去,促使这类辅导班遍地开花,可以这样认为,教辅市场的强劲发展离不开家长的功劳。但这种盲目性的投入,大多数情况下,成效甚微,带来的副作用、后遗症却很严重。这应引起家长的反思,引起教育工作者的高度重视。

━━ 资 料 链 接 ━━━━━━━━━━━━━━━━━━━━━━━━━━

家庭教育投资不是钱砸得越多越好

诚然,家庭愿意花更多的钱培养孩子的综合素质,出发点是好的,但要学会辩证思维,更不要"跟风"。笔者身边不乏这样的家长,担心自家孩子步入后尘,掉队不赶趟,看着别人的孩子学这学那,也不假思索地为自己的孩子报名,其实大可不必。正确的选择是,根据孩子兴趣爱好和家庭的经济状况而定。如果孩子本身不热爱这个科目,你就是给他报上名,他的心思也不在这个方面。

毋庸置疑,投资教育是件好事,但投入过多的金钱,效果不见得就好。要让众多家庭在教育投资上回归理性,要坚持"两条腿"走路。一方面要利用各种宣传形式,动用一切社会力量,引导广大家长树立正确的教育投资观,对存在"绝对不能省"的消费理念进行纠偏,让教育消费与家庭的整体收入、开支相匹配;另一方面,各级政府职能部门要下定决心,整治校园外的培训机构,不妨学习借鉴上海的做法,所有的教育培训机构全部归教育部门主管,严把"门槛"准入机制,不能让不具备师资力量、坑蒙拐骗的培训机构有生存的土壤。

（摘自红网—红辣椒评论栏目，2017-6-13,有删改）

2. 缺失的教育公平

教育公平缺失有三个表现,分别反映在教育机会、教育过程和教育结果上。这三个方面中不论出现哪一个不公平,均会直接导致教育整体上的不公平。教育公平的缺失会严重损害受教育对象的权益,毋庸置疑,教育公平缺失涉及众多因素,是多方面叠加形成的,主客观因素、历史现实因素均涉及其中。刨根问底,根源性或者决定性因素是我国社会经济发展水平。辩证地看,一方面我国社会经济发展取得了重大成绩,有目共睹,举世瞩目,但另一方面发展水平还不够高,发展存在不平衡、不充分现象。这一因素,目前看,在短期内难以消除,需要随着经济发展逐步解决。主观角度看,教育决策者在制定教育决策的时候,存有一定的失误,可能造成教育资源分配不公、配置不合理等,这也加剧了教育公平的缺失。总体看,小学生会因家庭环境不同,而接受不同的教育,也会使部分处于弱势地位家庭的子女形成自卑懦弱的性格。

资料链接

新时代教育公平存在的问题及建议

当前教育公平存在的主要问题:

一是优质教育资源供给不足导致可享受人群有限。一些地区已经出现教育资源分配失衡、学区之内的学位供应紧张、"择校热潮"扰乱教育秩序的现象。当下教育资源已无法完全满足人们对于优质教育的需求。

二是优质教育资源分配不均导致名校资源过度积聚。优质教育资源往往集中在经济发展水平较高的区域、城市、优质学校,造成区域间、城乡间、学校间教育质量和资源配置存在着不平衡。经济发展水平较高区域、城市的名校即成为优质教育资源的集中载体。

实现教育公平的对策建议：

一是名校集团化,合理分配优质教育资源。"名校集团化"由名校领衔,通过输出名校品牌、理念、管理、师资、现代教育信息技术等,采用多种模式进行集团化办学,使每一个孩子包括困难家庭、弱势群体、流动人口子女都能接受优质教育。名校集团化,是为了让优质教育普及化、平民化。

二是个性化教育和超常教育,践行因材施教。发展个性化教育和超常教育要坚持"因材施教",建立基础教育和个性化潜能培育有机结合的模式,能够享受到优质基础教育的同时,也能获得个性化潜能教育。

(摘自杭州城研中心公众号，2021-3-22,有删改)

3. 生搬硬套国外的经验

在教育子女问题上,先进成熟的经验值得我们借鉴。例如,一些发达国家的家庭教育模式理念,具有系统性、科学性和针对性,我们应当选择性借鉴。"以儿童为中心""与子女开展平等对话""培养子女具有责任意识"等观念,就值得我国的家长学习。走自己的路和借鉴国外先进经验并不矛盾,但我们也不能神话国外经验,认为"外国的月亮比中国圆",错误地将国外的教育经验全盘吸收,囫囵吞枣地引进自己的家庭教育实践中,奉行"拿来主义""洋为中用",不假变通不做分析地生搬硬套,认为一拿来就灵,一拿来就行,结果不可避免会出现严重的"排异反应",在中西"文化冲突"的视野里迷失自我,迷失方向,以至于造成"邯郸学步"的局面,极为尴尬难堪。

资料链接

在东西方家庭教育文化比较研讨会上的讲话

今天,家族的家庭教育文化在年轻一代身上没有留下多深的烙印和痕迹。现在的年轻父母,也很少,甚至没有从父辈的武器库里继承教育子女的武器。很多年轻父母教育孩子遇到了问题,不再查阅、遵循家族老辈人的训示,而是翻阅外国人是如何教育子女的书,学习、借鉴西方教育子女的经验。这是一种进步,也是一种胸怀。但不能数典忘祖,完全否定中国传统家庭教育文化的价值。

现在,拒绝学习、借鉴西方家庭教育文化的很少见。盲目照抄照搬的却比较普遍。外国先进的家庭教育文化,要大胆借鉴,拒绝借鉴国外先进的东西那是狭隘的民族主义。但引进时要认真筛选、咀嚼、消化、吸收,不能生搬硬套,生吞活剥。生搬硬套,会"水土不服"。生吞活剥,囫囵吞枣,食而不化,会引起消化不良。要批判地吸收外国文化中一切有益的东西,为我所用,但不能全盘照搬。

因为中外文化背景存在很大的差异,要根据中国的国情和需要,有所选择、取舍,并努力使之本土化,以便融入中国家庭教育文化。

（摘自赵忠心在《在东西方家庭教育文化比较研讨会上的讲话》有删改）

五、家庭教育地区差异明显化

当前家庭教育地区差异明显,造成这个差异的原因较为复杂。横向看,有政治、经济、文化、民族等方面的因素;纵向看,是历史因素和现实因素的双层次双维度叠加。仅从字面理解,地区差异表面上是一个地理概念,是地理上的差异。究其本质,离不开地区经济发展、教育发展、文化发展和社会保障能力等核心要素。当然地区差异的地理性因素也很关键,如地区差异造成的文化差异、生活习惯差异等也是较为关键的因素。大的层面讲,我国幅员辽阔,东西发展不平衡、南北文化差异巨大;细分层面看,各地区内部之间经济社会发展水平也参差不齐,总体看,家庭教育地区差异主要的是东西部差异和南北部差异。

1. 家庭教育东西差异明显

我国东部地区经济发展水平高于西部地区,是一个不争的事实,资料表明,东西部经济发展水平的地区差距还在进一步拉大。经济是一切社会发展的基础,是核心因素,这就决定了我国东部地区的社会发展、社会保障、教育发展以及人群整体素质均远高于我国西部地区。从地理条件看,东部地区具有天然的地理优势,地势平坦,交通便利,靠近海洋,人口密集大,劳动力充足,气候温和,上述几项条件决定了东部地区发展的劲头足提速快;反观西部地区,整体自然环境较为恶劣,在气候、地形、人口、交通等要素上均不占优势。从历史发展看,东部地区自古以来就是我国经济重地,得到很好的开发,这是东部地区的历史优势;从文化层面讲,东部地区靠近海洋,文化较为开放,善于兼收并蓄,注意吸收先进文化。反之,西部地区文化相对保守,并自成体系,影响了文化交流的通畅。以上因素叠加反映在家庭教育上,就可以看到西部地区家庭教育相对滞后,表现在家庭教育投入、对家庭教育的重视程度以及家庭教育理念三个方面。单就家庭教育理念而言,其差异较大。笔者就地处东部的上海市和地处西部的乌鲁木齐市几所小学的家长教育观念中成才观、教子观的问题进行了调查,数据分析如表4-2所列。

表4-2 对什么是人才的看法

具体题目	上海			乌鲁木齐		
	平均分	标准差	平均分	平均分	标准差	平均分
只有能挣大钱的人才是有出息的人	3.75	1.109	3.94	3.97	1.043	4.06
任何工作岗位都能体现一个人的价值	4.12	1.039		4.15	1.054	

表4-2可以反映出,看待这一问题,上海和乌鲁木齐的差异不大,两个地区的家长对人才观的认识基本上是正确的,符合调查预期。

表4-3 对成才途径的看法

具体题目	上海			乌鲁木齐		
	平均分	标准差	平均分	平均分	标准差	平均分
上大学才是孩子的出路	2.85	1.91	2.89	2.44	1.220	2.58
我会不惜一切代价让孩子上重点中学	3.03	1.213		2.72	1.295	

表4-3可以反映出,上海、乌鲁木齐两个地方的家长对成才途径这一问题的回答,有相似点,也有不同点。相似点在于,两地的家长对子女成才的途径看法都有一定的局限性和片面性,体现不出全面性来。不同点在于,乌鲁木齐的家长在这一问题上的看法更加趋向守旧和传统,乌鲁木齐的家长更加注重子女是否选择重点中学,是否能考上大学,认为这是理所当然正确的成才观,相对而言上海的家长在这一点上更加开明一些。

表4-4 对教育方式和态度的看法

具体题目	上海			乌鲁木齐		
	平均分	标准差	平均分	平均分	标准差	平均分
孩子不打不成器	3.78	1.057	3.66	3.72	1.140	3.44
严厉管教会使孩子失去活泼的天性	3.56	1.113		2.68	1.153	
听大人话的孩子,才是好孩子	3.12	1.128		2.68	1.153	
孩子会有孩子的道理,做父母的要学会倾听	4.44	.660		4.24	.818	
为了更好地教育孩子,有时应检查孩子的通信和日记	3.41	1.185		3.37	1.214	

表4-4可以直观反映出,两个地区的家长的差异较大,总体上,上海市家长的分数高于乌鲁木齐家长的分数。在教育态度和教育方式上,上海的家长更有针对性一些,因此现实意义更强,科学性和准确性更高。对比上海,乌鲁木齐地区的家长对教育方式和态度略显保守,囿于传统,失分较多,从一个侧面说明西部地区家庭教育观相对于东部地区是陈旧落后的。

2. 家庭教育南北差异明显

我国的南北差异一般指地理要素的差异,在家庭教育观上我国南北地区也存在明显差异,这主要反映在就业观上。相对而言,北方地区的家长更倾向于子女有一份稳定安逸的工作,因此更多家长对子女考取公务员、事业编或者教师编等情有独钟。南方的家长并不认同北方家长的观点,强调培养子女的竞争意识,培养子女逆境适应力和抗挫折能力。在就业观上相对开明,认为只要子女竞争力强,从事何种工作均可,而不拘泥于让子女捧起"铁饭碗"。南北家长在这一点上的差异,原因多种,核心原因还是南北经济发展不平衡。另外从家庭成员"亲密度"看,南北方家长略有不同。北方的家长与子女的关系更为亲密,互为依赖,这主要是传统文化导致的。相对而言,南方的家长与子女的关系则要平和得多,甚至可以说有一些冷淡,家长与子女是互为独立的个体,家庭成员中既强调共性,更强调个性,本质上是南方文化基因在家庭中的直观映射。综上所述,南北方今天的家庭教育差异,有其地理区位原因,有历史传统原因,当然南北方人的性格和生活方式的差异也起到了重要影响。

六、家庭教育城乡差异扩大化

目前,我国城镇化率有了大幅度提高,成绩巨大,有目共睹。但也要看到仍有大量人口居住在农村,这也说明城乡二元结构难题,仍无法有效破解。二元结构的影响是多方面的,城乡家庭教育的差异便是其直接影响。当前,家庭教育城乡差异有着多个层面的呈现。

1. 家长对家庭教育的认识存有差异

城镇家庭的家长素质相对高一些,更能体会家庭教育的重要意义,因此高度重视家庭教育,认为相对于学校教育和社会教育,家庭教育的基础性作用无可替代,因而千方百计搞好家庭教育,为子女的发展打下良好基础。但在农村,尤其中西部农村,受制于多重因素,有数量庞大的家长群体没有认识到家庭教育的重要性,认为家庭教育可有可无,家庭提供给子女吃喝拉撒的生活,这就足够了,还有一部分家长认为子女的教育是学校的职责,是社会的职责和家庭关系不大。一项资料表明,陕西某县曾对该县里 10 个村的 300 户家庭进行了调查,结果显示,家长重视家庭教育,认为家庭教育使命重大、责任重大的占 20% 左右,有近 70% 的家长不否认教育的重要性,但对家庭教育表现出明显的漠视,认为教育子女责任是学校的,还有 10% 左右的家长对家庭教育无明显表态。

资料链接

农村教育的尴尬现状——家庭教育的缺失

农村教育落后于城市教育是多方面原因造成的,其中家庭教育就是很重要的一方面。而作为教育主体的家长则成了家庭教育失利的根本原因。一是农村家长普遍文化程度不高,教育策略和方法参差不齐。看过一项调查,在 300 名农村家长中,高中文化仅占 9.7%,初中文化占到了 71%,还有 19.3% 的小学文化。由于文化偏低,大多数家长面对孩子无计可施。二是农村家长虽也看重学习,但却不是真正在意学习。干一天的农活体力消耗大,回到家还要做饭,吃完饭的消遣就是玩牌。真正拿出时间关照孩子的学习少之又少。三是农村留守儿童多,年轻的父母大多外出打工,根本谈不上家庭教育。有的只是隔段时间的电话询问,根本解决不了孩子们遇到的学习问题、成长问题。

(摘自小卢教育随谈,2021-05-04 有删改)

2. 家长对子女的教育期望值差异大

"望子成龙,盼女成凤",是家长对子女期望的凝练性概括,这一点城乡家长具有共性。但具体分析看两者的差异也较明显。在城镇,家长对子女的期望值更高,认为子女应在学业上"登高望远",因为更高的学历可以匹配更好的工作。调查显示,在城镇有 90% 以上的家长认为子女应当取得大学本科及以上文凭。在农村,家长对子女的学历期望值并不高,很大程度上他们也能够意识到教育可以改变命运,希望子女能通过努力读书,考取更好的学校来改变命运,但这一比例严重偏低,仅有 50% 左右。造成这一差距的原因是多方面的,一方面受就业形势和自身素质的影响,另一方面还有相当数量的农村家长坚持"读书无用论",在教育上主动或者被动的"躺平",不奢求子女通过读书改变命运改变生活,认为只要子女长大成人,能够谋取一份生计就足够了。

资料链接

"农村孩子读书无用论"的知识社会学审视

在知识经济时代,"知识就是力量"被奉为至理名言,大批城市家长为子女进入哪所学校接受教育而充满焦虑,可是"农村孩子读书无用"的说法却不断在网络和现实生活中出现。

调研中,我们发现,当前持"读书无用论"的农村家长大致可以分为两类:一种是小富即安型,他们自认家庭经济条件和社会地位良好,不指望学校教育来改善家庭状况,认为"孩子现在读书多将来不一定赚钱多";另一种是无能为力型,他们认定子女学习不佳,没有能力通过教育来改善命运,"读不上去将来还是要外出打工,不如早点开始打工赚钱"。受"读书无用"观念影响,相关学生在课堂内外的学习投入严重不足,家长对学业的辅导和支持也很有限,这些都加剧了学生学业失败乃至在义务教育阶段辍学的风险。

(摘自《吉林师范大学学报(人文社会科学版)》2022年第2期,作者刘长海 倪嘉欣,有删改)

3. 城乡家长在家庭教育内容上有显著差异

家庭教育的内容丰富浩瀚,涉及多个方面。家庭教育的核心首先是德育,家长要培养子女良好的道德品质。其他,如对子女进行科学文化知识的教育,心理健康教育和安全教育等也是家庭教育重要组成。调查显示,城镇家庭的家长实施家庭教育时,涉及面较广,较好地做到了统筹兼顾。一方面,一部分家长可以围绕德育做文章,聚焦子女的思想道德;另一方面也注重培养子女的智育,渗透安全教育,关注心理健康教育。但总的来看,相当数量城镇家长认为,家庭教育中智育排第一位,德育和体育排在后面,这一偏颇看法却是主流趋势。受家长素质和社会负面影响,农村家长也关注子女文化知识的学习,但关注点具有唯一性,其他如德育、心理健康教育等,很少关注,认为这些无法量化,对子女的发展无法起到显著作用。

资料链接

从对待"玩耍"的态度看城乡家长家庭教育理念差别

城市家庭支持子女"玩耍",他们重视培养动手能力,重视培养孩子运动能力;偏爱户外的活动,培养孩子创造性的玩耍方式;重视亲子间的陪伴,尤其是父亲对孩子的陪伴;排斥商业文化、电视及大众传媒对儿童的影响等。

农村家庭则忽略"玩耍"的教育意义,他们将学习等"智力教育"作为家庭教育的主要目标,把玩耍等同于浪费时间、耽搁学习的活动。对农村家长而言,升学是孩子出人头地的重要出路,是改变阶层地位、完成社会地位上升的关键途径,从而片面地看重学习成绩,忽视孩子在其他领域的兴趣爱好以及天赋特长。

（摘自《民族教育研究》2016年第20165期第61-68页）

4. 家庭教育投入差异较大

良好的家庭教育,离不开投入,投入是家庭教育必要的物质保障。城乡二元结构使得城乡居民收入差距越来越大,势必导致城乡家庭对家庭教育在经济和时间上的投入差距越来越大。一项数据表明,农村家庭对家庭教育的经济投入项目较为单一,主要是书本、文具、校服等基本教育支出,其他投入项目较少,可忽略不计。城镇家庭则不同,家长除了为子女支出基本教育投资外,有资金投入到子女拓展性学习和能力性学习需要的项目中,注重子女教育质量的提升和教育均衡化的培养。在时间投入上,农村家庭也不及城镇家庭。受制于经济发展水平,农村家庭的家长忙于生计,无暇顾及子女的学习,而城镇家庭的家长常常陪伴子女一起学习。

七、家庭教育中特殊少年儿童边缘化

特殊与正常相对,特殊少年儿童是指与正常少年儿童在各方面有较大差异的儿童。特殊少年儿童有广义和狭义之分,狭义上专指在智力、肢体、言语等方面有缺陷的残疾少年儿童。本书中也包括部分家庭环境较为特殊的正常少年儿童,如单亲家庭子女、留守儿童、隔代教育家庭中的子女以及农民工子女等,他们具有一定的特殊性,也划归于特殊儿童的范畴。

一是单亲家庭子女教育边缘化。社会的急剧转型致使我国离婚率呈现逐年攀升的趋势,居高不下,这一社会问题给社会、家庭和个人带来了不小的困扰。中国妇联2018年的一项统计显示,我国的单亲家庭已经超过了两千万户,69%为单身妈妈。当家庭发生变故,单亲家庭中的子女易出现各种问题,尤其在心理方面。主要是家庭变故带给子女心理落差加大,致使其易产生自卑、孤独、情感冷漠等现象,心理异常导致行为异常的现象也较为普遍。作为单亲家长,更应敏感一些,更应敏锐一些,高度重视这一问题,让家庭教育对子女发挥最大化功用。理想和现实差距较大,现实生活中单亲家庭的家长因为种种原因,无法给予子女正确的、科学的、系统完整的家庭教育。其对待子女的方式,一般坚持了两个无原则,一是无原则的溺爱,对子女的生活"大包大揽",这容易导致子女自私自利,缺乏责任感,缺少对他人的尊重,也容易导致子女独立意识的启蒙和开发欠缺;二是无原则的放弃,对所带子女不管不问,根本谈不上家庭教育。

二是留守儿童教育边缘化。留守儿童问题本质上是社会问题,是经济社会发展不平衡导致的。他们的父母为了生计远走他乡离开年幼的子女,致使他们与父母相伴的时间微乎其微。截至 2018 年 8 月底,全国共有农村留守儿童 697 万人。在心理活动上,留守儿童由于缺乏父母的关爱,父母的情感教育跟不上,致使他们的亲情观念较为淡薄,易形成孤僻的性格。在学习方面,留守儿童同样处于弱势地位,由于无法得到家长的帮助和物质条件支持,很多留守儿童学习吃力。在道德层面,由于家庭教育缺失,留守儿童缺乏相应的道德教育,他们在世界观、人生观、价值观形成的关键时期,得不到家长的帮助,容易产生错误的道德观和不良行为。

三是隔代教育家庭儿童边缘化。目前,我国的隔代养育普遍存在,隔代教育作为一种特殊的教育形式,也普遍存在于相当一部分农村家庭中。迫于生计,父母外出打工,无法关注子女的生活和学习,父母便把这一"重任"委托给他们的父辈,即子女的祖辈,这种祖辈抚养、教育孙辈的形式称之为隔代教育。隔代教育的存在有一定合理性,对孙辈子女的成长有有利的一面,如子女能在与祖辈的朝夕相处中潜移默化地形成勤俭节约的优良品质。但总体看,隔代教育弊大于利。现实生活中,"守旧型隔代教育"与"纵容型隔代教育"占了大多数,"言传身教型隔代教育"和"民主型隔代教育"比重微乎其微,因此隔代教育容易导致孙辈在学习上缺乏自觉性,成绩差,在道德品质上无法形成良好的道德品质,容易产生不良道德行为,另外他们的身心健康问题严重,甚至可以积淀成心理障碍。

四是残疾儿童家庭教育边缘化。相对于普通儿童的家庭教育,残疾儿童的家庭教育更为重要。我国残疾儿童的家庭教育远远落后于普通儿童的家庭教育,致使残疾儿童家庭教育边缘化。究其原因,一方面,家庭中一旦有了残疾孩子,是灾难性的,足以摧毁一个家庭,摧毁家长对生活的信心,家长容易自暴自弃,对有残疾的子女放任自流、置之不理。另一方面,特殊儿童需要特殊对待,有些家长虽然高度重视残疾子女，更关心更关注他们，但家长康复知识缺乏，特殊教育理论知识缺乏，无法给子女在学习和康复方面带来帮助，教育效果不明显。

五是孤儿的家庭教育边缘化。孤儿在法律概念上是指失去父母、查找不到生父母的未满 18 周岁的未成年人。2021 年，民政部发布报告称，我国孤儿人数为 19 万人。与残疾儿童或者留守儿童相比，孤儿是更困难的一个群体。孤儿没有稳定的家庭，因而谈不上有家庭教育，他们需要社会的抚养才能长大。孤儿往往是寄居生活，以寄居在亲戚家居多。虽然寄居在亲戚家，表面上看，也有了家庭，大部分监护人对孤儿视若亲生，但是孤儿家庭教育是仍是缺失的，父母的作用不是亲戚所能取代的。父母的离开，使得这样的儿童缺乏亲情带来的温暖，很多孤儿存在心理问题是必然的。家庭教育的缺失和心理问题的存在，使得孤儿的学习成绩普遍较差。调查显示，学习成绩优秀者的比例仅为 8% 左右，成绩较差的却占到了 51% 左右。

资料链接

"隔辈亲"难念的经，教育理念不一致引发许多家庭问题

"隔代教育"是指由祖辈对孙辈的抚养和教育。当下，年轻父母忙工作，孩子则大多由祖辈代为照顾，"隔代教育"已成了大多数家庭默认的"育儿模式"。然而，在育儿过程中，年轻父母与祖父母教育理念不一致，引发了许多家庭问题，困扰着两代人。

1. 过分溺爱："双重标准"引发"双重性格"

在采访中，记者发现，溺爱孩子的例子并不鲜见。不少老人表示，自己宠爱孩子无非出于三点，一是血缘的羁绊；二是弥补自己年轻时因忙于工作对孩子的亏欠；三是退休后体现个人价值，增强自己的"被需要感"。于是，在"隔代教育"中，老人们摒弃原则，一味满足孩子的各种需要。

如此呵护孩子，真的好吗？深耕社会学数十年的太原市育苗心理专家刘保琳表示，"过度关注、过分溺爱，会扼杀孩子独立自主的个性，特别是如果家里教育呈现'双重标准'时，更加不利于孩子成长，长此以往孩子会出现表里不一、说谎等问题，严重的则会出现'双重性格'。"

2. 过分严厉："揠苗助长"导致"怯懦自卑"

"望孙心切""揠苗助长"……在"隔代教育"中，老人们持续对孩子严厉，

会让孩子胆小怯懦,甚至产生报复性心理,山西省精神卫生中心心理咨询师、家庭治疗师齐靓表示,优秀的教育理念,应该口径一致,方法一致,在这样环境中,孩子才能乐观自信,对生活充满信心。

3. 过分监督:"事事监督"丧失"独立个性"

"因为不会教育,把好事办成坏事……"谈起自己为儿子一家的付出,71岁的李阿姨一肚子苦水。李阿姨的儿子在北京做酒水生意,媳妇生下孙子一年后也去了北京,孙子基本上是老人一手带大。当时,因为心疼孩子父母不在身边,李阿姨对孙子可谓倾尽心血,从蹒跚学步到吃饭喂饭,从接送上学到辅导作业,她事事操心、事事监督,自认为孙子也算听话懂事,没料到的是,去年儿子在北京买房接过去13岁的孙子后,却发现孩子身上"恶习"不少,逃学、吸烟样样不落。由于她过度监督代办,让孩子丢失自主能力。

(摘自人民融媒体 2022-06-11)

第三节　家庭教育中存在问题的原因分析

家庭教育的重要性不言而喻。家庭教育的不良影响,给小学生德育发展带来了诸多问题,使得家庭教育在教育观念、教育内容和教育方式等方面出现教育偏差和误区,这值得我们深思。本节在理论联系实际的基础上,力求实事求是、公正、客观、科学地从家庭教育、学校教育和社会教育的三个角度,对影响家庭德育工作的几个关键因素进行有效的分析、准确的定位,探讨影响家庭教育德育功能有效发挥的关键因素。为同类问题研究起到抛砖引玉的作用。

一、家庭教育价值认识功利化

家庭教育的核心价值在哪里,我国家庭教育界已形成了一个基本共识:即通过家长的教育,子女自我提升,自我完善,全面发展,实现自身价值。本质上看,教育涉及培养什么样的人,怎样培养人,为谁培养人的问题。核心是培养子女成为一个对社会有用的人。现实中,世俗化、功利化的倾向正将这种核心价值日益扭曲,家庭教育被功利现实主义带到了错误的航向上。熊丙奇认为,家长千万不能头脑发热,要保持清醒的头脑,正确地认识并看待家庭教育,及时扭转航向,避免家庭教育的功利化之路上"裸奔"。熊教授和其他专家的大声疾呼收效甚微,并没有从根本上改变我国家庭教育价值认识功利化之势越演越烈这个现实,令人沉痛唏嘘。家庭教育一旦丢掉了自己的灵魂,自主性和应有的活力就无法展现，一步步沦为学校教育的附庸也就在所难免。

　　《家庭教育促进法》颁布后，国家对家庭教育的重视程度大幅度提高。这一问题有望得到解决，但以尹建莉为代表的专家对此持谨慎乐观态度，认为因应试教育长期存在，对我国家庭教育功利化倾向的拨乱反正，绝非一朝一夕之功。她认为家庭教育首先是一种尊重性的教育，一种民主型的教育，家长和子女保持平等关系，家长要尊重子女的兴趣、爱好，并赋予子女一定范围的选择权，让子女展示自我，这才是正确的家庭教育方式。另外，她强调，未成年子女难免有这样那样的不足，甚至会犯错，对此家长首先要做的不是劈头盖脸一顿骂或者疾风暴雨一顿打，而是用宽容的态度，用平常心去接纳，然后分析原因，对症下药。这一看法是深刻的，也是值得每一位家长引起重视。

资料链接

家庭教育不宜过分功利化

　　家庭教育不能过分功利，应从爱起步，让孩子从小懂得爱，爱自己也爱他人，在此基础上逐渐认识自己，形成独立人格，获得全面发展。

　　前一阵，为训练胆量，新疆一男子将9岁女儿与狼一同关进笼子，短短3个小时，孩子被狼咬了上百次。在江西南昌，一大学生持刀杀死独自抚养他长大的母亲，认为终于摆脱了母亲控制，弑母后竟若无其事……

　　这些事件虽属于极端个案，但也为我们的家庭教育又一次敲响了警钟。我们的家庭教育到底怎么了？从什么时候开始，父母对子女的要求变得如此严苛，父母和孩子之间变得隔阂、对立甚至敌视？为什么亲骨肉之间会出现这样令人心寒的事件？

　　随着社会观念的多元化，家长们的教育方法层出不穷，但端正的教育观念才是所有方法的根本。家庭教育不能过分功利，应从爱起步，让孩子从小懂得爱，爱自己也爱他人，在此基础上逐渐认识自己，形成独立人格，获得全面发展，才是家庭教育的应有之义。家庭教育，投入的是关爱，讲求的是方法，应当爱得适度、教得适宜。

（摘自河北新闻网，2012-05-21，有改动）

二、家长不良的言传身教

　　家庭中，父母的一言一行，无不潜移默化地影响着孩子的成长，言传身教，是家庭教育的重要教育方式。

人们常说,再好的学校,也不如父母的言传身教。父母的良好言行可极大地促进子女的德育发展,对子女的成长产生深远影响,同样地,不良的言传身教不但会降低子女的家庭德育效果,同时也会削弱学校和社会的德育效能,妨碍子女的全面发展。平时,大部分家长在子女面前能有意识地注意自己的言行举止,但不可否认的是,仍有部分家长受自身原因或外界环境影响,对子女做出了错误的言行示范,如语言粗俗、不孝顺父母、邻里关系不和、夫妻经常吵架、贪污受贿、生活态度消极、宣扬封建迷信等,使小学生在潜移默化中以父母的错误的思想道德观念和行为习惯为示范,形成不良的道德品质和生活态度。

家长不良的言传身教有各式各样的表现,具体举例来说,有些家长明明在家,却对电话里的朋友说,自己不在家,在外地出差,一时半会回不来。这种当着子女的面赤裸裸的撒谎行为是不负责任的,在潜移默化中,子女也就认为家长都可以撒谎,孩子为什么不可以,反正撒谎又没有什么惩罚,如果是这样,家长的形象在子女心中就会一落千丈。再举个例子来说,社会压力大是现实存在的,很多家长在子女面前总会抱怨,抱怨自己工作的不顺心,生活的不如意,抱怨生活工作是如何得"压力山大"。这种负面情绪的宣泄对子女的身心健康成长是有百害而无一利的,这会让子女逐渐对身边的事物产生倦怠,也开始学习父母,开启"抱怨模式"。

三、家庭结构变化的影响

家庭结构具有相对稳定性,受经济、社会发展影响,家庭结构并非一成不变,也会有一定幅度的变动。家庭为家庭教育提供物质和心理环境。家庭的结构有变化,家庭的类型有不同,这些都深刻影响这家庭教育。不同的家庭模式对家庭教育有着不同的影响。举例来讲,在核心家庭中,家长与子女的关系更为亲密,家长与子女发生互动的频率远远高于其他模式的家庭,亲子关系更为稳定一些,这就使得家庭在对子女的教育中易形成统一意见,即便是偶有不统一的意见,也很容易协调,最后达成统一,进而达到教育的一致性。再如,在隔代家庭中,家庭教育一般由祖辈实施,祖辈受传统教育思想的束缚较深,难以接受新事物、新思想,对孙辈比较溺爱,往往对他们非常迁就,时间久了,会使孙辈产生一些不良的性格和习惯,祖辈如果对孙辈管得过严,过分保护,孙辈的独立能力会偏弱,过分依赖长辈,对其以后走向社会独立生活是非常不利的。相对于其他家庭,特殊家庭由于其自身的特殊性,其家庭教育问题最多,也最为严重一些。

<hr>

资 料 链 接

当代家庭结构变化对家庭教育思想变迁的动力性作用分析

当前,我国家庭结构呈现出缩小化和多元化两种趋势。缩小化是指在工业化、城市化和经济发展的动力作用下,伴着家长制的削弱与瓦解,累世同居的联合家庭已经失去了存在的现实基础而逐渐趋于消失,家庭规模逐渐减小。多元化是指在社会转型时期,伴随着社会政治、经济、文化的发展,以及东西方文化的交流与碰撞,这些因素从不同侧面影响了婚姻家庭的结构,使中国家庭结构呈多元化的发展趋势。

家庭结构的变化,影响了家庭教育思想。一是推动家庭教育思想多元发展。家庭模式多样化是社会经济、文化发展、国内外文明碰撞的结果,也是现代多元文化的体现。这种多元文化在家庭中的体现,直接挑战传统家庭教育思想中的"权威性""唯一性",在家庭中为世人展示了"多种可能"。二是凸现家庭教育思想"个体"价值取向。"个体"取向成为社会文化的一大风潮。听从本心,追求自我的"个体本位"思想盛行。广大家长们都或多或少转变自己的家庭教育思想:把儿童当作一个有独立意识、人格、个性的独立个体;尊重孩子的自主发展。但"个体本位"一旦越界,就接近极端个人主义,其严重危害不言而喻。

(摘自《长春理工大学学报》,有改动,作者李映红、李淑琼,2012 年 12 月)

四、社会经济发展不平衡的影响

家庭教育的发展受制于社会经济发展不平衡的影响,社会经济发展不平衡越明显,其对家庭教育的影响就越明显。这就造成了在经济欠发达地区、社会文化发展水平较低的地区,家庭教育存在的问题就更加突出,应当引起我们的格外重视。

一是经济发展不平衡造成留守家庭和留守儿童激增。我国的市场经济发展模式和城乡二元模式,使得经济欠发达地区的劳动力实现了转移,"农民工"成为我国的特有现象,父母外出务工,子女留守家中,家长在家庭中无法对子女实施面对面的培养和教育,家庭教育有名无实。留守家庭中的子女在心理和精神上容易出现各种问题,当问题越积越多,会严重影响他们的身心健康和成长。

二是社会文化发展不平衡造成家长整体素养的不平衡。在经济落后地区,社会文化发展缓慢,家长的整体素质不高,在思想境界和道德水准方面表现得尤为明显。这样的家长不重视家庭教育,对家庭教育的重要性认识不足,对家庭教育的意义认识不够,他们认为家庭教育可有可无,不是必然的存在,子女的教育问题是学校负责的事情,与他们没有多大关系。有些家长行动鲁莽、语言粗俗,没能做到言传身教,榜样的力量无从发挥,潜移默化中不良的行为习惯影响到了子女。

三是教育发展不平衡造成了家长缺乏科学的教育方法。家庭教育应当是科学的教育,家庭教育方法应当是科学的教育方法。在部分欠发达地区,很多家长接受不到良好的教育,教育观念落后,与现代科学教育理念相差甚远。他们一般采用从父辈就沿袭下来的简单粗暴的教育方式,认为子女和家长不是平等的,家长必须是权威性的家长,而不能是民主型的家长,信奉"棍棒下出孝子,黄荆条下出好人"。还有一些家长只重视子女的文化成绩,认为"分分分,学生的命根"是正确的,忽视对子女进行思想品德教育。

四是社会交际(交往)困难造成了家长与教师沟通的困难。这样的家长认为,子女在教育上出了问题,必须要由教师来解决,把自己的教育责任推得一干二净,把全部的教育责任一股脑全推到教师身上,这是极其错误的认识和行为。当教师和家长就子女的教育问题进行沟通时,他们也会采取回避的态度,从不主动与学校沟通联系,认为子女一旦到了学校,子女的一切学校应当负责,自己完全可以不闻不问漠不关心。尤其子女到了义务教育段的高年级,子女面临毕业升学时,有些家长也不到学校或向老师了解子女在校学习情况,甚至连家长会也懒得参加。

五、对特殊儿童关注度不够

目前,我国大量存在着包括单亲家庭儿童、留守儿童、残疾儿童、隔代教育儿童等在内的特殊儿童。这些特殊儿童的存在,其受教育水平如何,关系到国家的前途和命运。特殊儿童,需要特殊的关爱,需要特殊的家庭教育。随着经济和社会发展水平的提高,我国特殊儿童受教育的水平得到了相应的提高。但由于种种原因,我国特殊儿童并没有得到很好的关注,从国家、社会、家庭等层面看,仍有很多的工作要做。

一是对待特殊儿童的教育,国家和政府应当担负起责任来,通过立法和出台政策的形式把特殊儿童的受教育问题摆到更加重要的位置上来。目前国家和政府层面对特殊儿童教育的立法工作虽有了一定的进展,也有了一些相关政策出台,但是对特殊儿童教育的法律保护,社会各界在行动中尚未形成高度的共识,在一些领域还存在着争议,这就致使政策的出台仍然不够完善,没有细化和具体化。

二是社会对特殊儿童的关爱流于形式,不能从根本上解决问题。例如,留守儿童问题,引起了社会的高度重视,各地开展志愿服务、结对帮扶、法治进校园等活动,积极推进"关爱留守儿童"工作,社会团体通过各种形式对留守儿童这一群体进行关爱活动。其主要形式是通过开展主题活动来进行,例如开展"滋润心田——向留守儿童捐赠图书"活动,"关爱在行动——向贫困留守儿童进行募捐"活动,"捐一本好书,圆一个梦想"活动。这样的活动,是典型的"输血"模式,而不是"造血"模式。这种活动形式持续性不强,只能解决留守儿童一时的某一个方面的问题,而不能从根本上解决问题,此外这种关爱范围相当有限,对一些特别困难的留守儿童,不能做到"点对点"的关爱。

三是家长对特殊儿童的关注度不够。特殊儿童是家庭中的特殊存在,理应受到家长的精心抚养和特殊关爱,但由于种种原因,家长对特殊儿童的关爱还远远不够。例如,在留守家庭中,家长没有责任意识,不能与子女保持面对面的密切关系,只能通过电话、短信等与子女保持间接的联系,不能给他们以直接的亲情的关怀,有些家长对子女的物质生活和精神生活漠不关心,在沟通上,子女与家长出现了障碍,亲情趋于淡漠,子女的安全感严重缺失。从某种意义上说,留守儿童的家庭在一定时期内已经丧失了其应有的教育功能。

资料链接

2017 年 8 月 1 日,网易刊登了公益组织"上学路上"发布了《2017 年中国留守儿童心灵状况白皮书》。《白皮书》根据中国义务教育阶段农村中小学生4 000 万的总数进行估算,并将父母一方单独外出和父母双方均外出的农村学生计算在内,结果显示中国农村共有超过 2 300 万留守儿童。农村留守儿童在我国是一个数量庞大的群体,而成长过程中父母关怀的缺位,给留守儿童的心灵造成了难以弥补的伤害。

六、家庭教育缺乏可行的制度保障

所谓制度,主要是指规程或准则,规程或者准则是需要共同遵守的,任何人都不能例外,这是制度的强制性。制度也指在一定历史的条件下形成的法令、礼俗等规范。具体到家庭教育来看,我国的家庭教育取得了一定成绩,这是有目共睹的。不论是潍坊模式还是中山模式抑或是淮安模式,对我国家庭教育的发展都有着积极影响。然而,目前看,我国在家庭教育方面仍缺乏可行的制度保障。从历史的角度看,新中国成立前,我国曾颁布过家庭教育的专门性法律,这是有积极意义的。例如晚清政府颁布的《蒙养院及家庭教育法》(1903 年)、国民党政府颁布的《家庭教育讲习班暂行办法》(1940 年)、《推行家庭教育办法》(1940 年)。民国时期,我国的家庭教育政策的制定和落实等,都是由教育部负责的,教育部也通过立法等形式承担起自己的职责。新中国成立后,政府和学者对家庭教育的立法进行了相关探索和研究:1981 年,中共中央书记处发文(19 号文),规定家庭教育由全国妇联负责,这主要考虑到家庭教育离不开家庭,尤其离不开家庭中的母亲这一角色。这一规定对我国家庭教育事业的发展有积极作用,妇联依据自身的优势,在家庭教育上做了大量的工作,取得了极为不菲的成就。但我们也看到,家庭教育不仅仅是妇联部门的事情,还牵扯教育部门、卫生部门等多个部门,如果只依靠妇联,其很难承担发展家庭教育事业这一重任。妇联从人才储备、体制机制上都没有这样的能力。家庭教育从本质上看还是一种教育,因此对其负责的应当是教育部门。我国在 1992 年实施的《未成年人保护法》中专门制定了"家庭保护法"的条款,对未成年人的抚养、监护和合法权利进行了保护,但其可操作性不强,个别条款没有做出处罚规定,责任不够明确;同样在 1992 年颁布实施的《九十年代中国儿童发展规划纲要》中提出"制定、完善有关保护儿童权益的专项法律,如《优生保健法》《家庭教育法》……";1997 年制定了《家长教育行为规范》,但过于理论化的条款,使实际操作的难度加大。2000 年 12 月 14 日,《关于适应新形势进一步加强和改进中小学德育工作的意见》正式出台,这一意见具有很强的指导意义,可以说是突破性的、先导性的,但是在具体贯彻落实的过程中仍然存在着大量问题,亟待解决。

资料链接

以制度化推进教师参与家庭教育指导

近日,河南省人社厅、省教育厅修订发布《河南省中小学教师中高级职称评价标准》,首次把家庭教育指导作为中小学教师职称评审条件。新规规定,高级教师的评审条件之一是积极开展家庭教育指导和家庭教育讲座;教师每学年至少讲授过 1 次班级以上家校共育公开课。正高级教师的评审条件之一是积极开展家庭教育指导工作;教师每学年至少讲授家长学校公开课 1 次;校长(副校长)办好家长学校,每学年至少参加 2 次家校共育活动等。

教师的家庭教育指导角色具有较好的制度基础。早在 20 世纪末,相关文件就对教师的家庭教育指导角色进行了政策设计,明确教师要帮助家长树立和坚定科学的家庭教育观念、掌握科学有效的家庭教育方法。新时代以来,构建基本覆盖城乡的家庭教育指导服务体系,推进完善基本家庭教育公共服务进一步加速。《家庭教育促进法》也规定,中小学校、幼儿园应当将家庭教育指导服务纳入工作计划,作为教师业务培训的内容,应当根据家长的需求,邀请有关人员传授家庭教育理念、知识和方法,组织开展家庭教育指导服务和实践活动,促进家庭与学校共同教育。党的二十大报告亦重申,健全学校家庭社会育人机制。强化教师家庭教育指导责任无疑是推进家校协同育人的重要内容。

(摘自《中国教育报》,2022-11-11,有删改)

七、家庭、学校、社会缺乏必要的沟通和协作

毋庸置疑,家庭教育是一切教育的基础。学校教育是家庭教育的"衍射"和延伸,是"集中式扩散"的家庭教育。家庭和学校存在于社会之中,社会是家庭和学校的"环境因子",因此,社会教育是家庭教育和学校教育螺旋式上升和波浪式前进的"总的升华"。一方面,三种教育的形态,侧重点不同,教育形式也有所不同,因此要厘清三者的责任边界,防止越位和错位。党的二十大报告明确指出,要"健全学校家庭社会育人机制"。可见三种教育形态可协同育人,健全家校社协调育人机制就成为关键性因素。具体来说,社会环境影响着家庭和家庭教育,社会对家庭教育起着"补充"和"强化"的作用,良好的社会环境对家庭教育的促进作用是明显的。家庭情况也反映着社会,家庭教育是推动社会进步的一块基石,是促进社会和谐的重要手段。当我们把视角扩大一下,就会发现家庭教育与社会存在着千丝万缕的联系,因此家庭和社会要实现有效的沟通和协作。家庭和学校也存在着密切联系,家庭教育和学校教育在教育目的上共性十足,这个共性就是两者密切联系的基础。这说明,家庭、学校和社会三者相辅相成、相互影响,必须配合好、协调好,构建好"三位一体"的教育格局。现实中,家庭教育、学校教育、社会教育各自为政、画地为牢,甚至是"井水不犯河水",不能做到"心往一处想,劲往一块使",没有形成有效的教育合力,畅通的"大教育"无法建立,三种教育形态各自搞自己内部的"小循环",极易造成

教育效果的浪费和抵消。造成家庭、学校和社会三者割裂局面主要有以下三个方面的表现。

1.家庭与学校未能建立互动的德育机制

家庭与学校是双向互动的,家庭教育和学校教育也应当是秉持"开放"教育理念下的"和谐共建"的教育,两者之间要形成良好的互动德育机制。然而,现实中,家庭教育和学校教育因种种因素,形成了教育互斥,而不是教育互吸。学校教育中德育任务重,需要家庭的配合,效果才好。但众多家长"重养轻教",学校抛出了家校共育橄榄枝,家长却拒绝接住,他们把子女的德育任务完全交给学校,把自己撇得干干净净。部分家长采取不支持、回避,甚至漠视的态度,这些家长完全忽视了自己与学校的教师一样也是子女道德品质的引路人,而且是更为重要的引路人,因为学校教育的特点决定了学校教育无法照顾到每一名学生的德育需求。当然家庭教育和学校教育的评价标准不统一也是造成德育机制无法形成的一个原因。还有一部分家长与学校的交流单一,甚至是缺乏交流,交流形式与内容也比较的单一。家长往往只关心子女的文化课成绩是上升了还是下降了,在班级的排名如何,而对子女的道德品质表现如何,是否德智体美劳全面发展等漠不关心,这是典型的应试教育思想在作祟,不利于子女的全面发展。

━━━ 资料链接 ━━━━━━━━━━━━━━━━━━━━━━━━━━━

家校合力共建　同谱育人篇章

家庭是社会的细胞,家庭教育是基础教育,又是终身教育,它对一个人的启蒙、成长、成才有着不可估量的作用。一个人的思想、品德、行为习惯、意志性格的形成都离不开家庭。家长的素质直接影响到孩子,家长的人生观、日常道德规范、待人处事都会对孩子成长起着潜移默化的作用。据此,我们对校内外的各种动力因素进行了深入分析,并根据各种动力因素的特征,构建起密切的联系,将家庭的教育共同构成一种动力因素的动力系统,从而积极发展其作用。实践证明,举办家长学校,大大提高了全体家长科学教子的自觉性和积极性,齐心合力配合学校教育,建设精神文明,使学校形成良好的学风与校风,从而推动了学校素质教育的实施,促进我校教育质量的提高。

（摘自大连甘井子区李家小学网站,有删改,发布日期:2021-10-15）

2. 社会上缺乏专业的家庭德育指导机构

学龄前阶段,家长们除了关注子女身体发育和成长外,也积极通过让子女参加教育培训等多种形式,深度介入对子女进行早期教育,目的是让子女进入小学时有良好基础,在学习、交往等各方面不费力气。学龄前,家长看中的是子女的智力因素的培养,相关社会机构、社会组织也聚焦这一因素,而忽视非智力因素如道德品质、自强意识、独立品质等方面的培养。总体看,我们肯定学龄前阶段,社会有关机构或组织对家长子女和家长的双向专业指导。

子女入读小学后,一方面,社会缺乏对家庭道德教育的专业指导,家长在潜意识中认为,学校可以包办一切,就将德育的重任一并交给了学校;另一方面,家长对家庭道德教育具有滞后于小学生道德认知水平的特点认识不足。家长认识上的盲区和社会发展自身存在的不足,致使社会性的家庭道德教育指导机构尚未建立起来。

家庭德育指导机构社会化符合社会发展规律,也契合德育认知规律。当前,社会性的家庭道德教育指导机构尚未建立起来,但一些社会机构或者组织充分挖掘自身优势,起到了一定程度上的育人作用,因而具有"兼职"专业家庭德育指导机构的性质。这些机构或者组织在育人问题上与家庭和社会有深度交织,密切关联,其与家庭和社会的融合式互动,对家庭教育有强烈的导向意义,对小学生良好德育形成和发展起着积极促进作用。但仅有"兼职"专业家庭德育指导机构还不够,2022 年 1 月 1 日,《中华人民共和国家庭教育促进法》正式实施,其中明确:"县级以上人民政府应当制定家庭教育工作专项规划,将家庭教育指导服务纳入城乡公共服务体系和政府购买服务目录。"2022 年 6 月,人社部公布 18 个新职业,家庭教育指导师是其中之一,这一问题正得到逐步解决。

资料链接

揭开新职业"家庭教育指导师"的面纱

人社部将家庭教育指导师定义为,从事家庭教育知识传授、家庭教育指导咨询、家庭教育活动组织等的人员。"很及时、很必要、很重要!"东北师范大学家庭教育研究院院长、中国家长与教师合作管理委员会理事长赵刚在接受中国商报记者采访时,用九个字来形容家庭教育指导师的新职业身份。

家庭教育指导师不乏职业优势。随着国家和社会对家庭教育指导的需求不断提升,家庭教育指导师的就业前景较为广阔。家庭教育指导师可以在学校,在社区、相关企事业单位、社会组织等机构从事相关工作,就业场景选择丰富。不仅如此,其可延伸的工作广度也比较大。譬如,与心理健康教育结合可以进行家庭咨询和治疗,与生涯规划相结合可以进行学业、职业和事业指导,与社会工作相结合可以从事社会志愿服务、公益服务等。尤其是在中小学(幼儿园)有广阔的发展空间和需求,可以与德育工作、班主任工作等进行充分融合。

(摘自人民资讯,2022-6-24日,有删改)

3. 学校与社会之间还存在着围墙

受应试教育影响,也出于安全考虑,学校办学,处于封闭循环系统中,有形的墙和无形的墙,将学校和社会割裂开来。学校封闭式办学,有一定意义,可以为学生提供安静安全的学习环境,这一点毋庸置疑。但其弊端,也显而易见。有形无形的墙,隔断了与社会的联系,拉大了与社会的距离,封闭内循环局限于内部调剂和周转,没有真正产生"资源增加",这对小学生的综合发展或者说"发展总和"是极为不利的。具体一点讲,割裂导致了学校教育培养出来的人由于缺乏对社会的了解,而不适应社会,初次面对复杂的社会问题和复杂的人际关系,就有了严重的挫折感,很多人甚至自我迷失,这是一种严峻的现实。冲破有形和无形的墙,需要学校和教师更新教育观念,"实践出真知",要让小学生尝试接触真实的社会,积极参与社会实践活动,在实践中增长知识增长才干,历练自己。当然社会也要为小学生走出校园创设良好的环境,并让这种良好环境成为常态化存在,成为社会环境自我净化的持续性过程。另外,家长也要重视子女与社会的接触,引导子女社会化,使子女能阳光地走向社会,助力子女成长为一个能够适应社会、独立自主的道德个体。

2023年年初,教育部等十三部门联合印发《教育部等十三部门关于健全学校家庭社会协同育人机制的意见》(教基〔2022〕7号),明确了学校、家庭、社会三方在协同育人中的各自职责定位及相互协调机制。意见提出,到2035年,形成定位清晰、机制健全、联动紧密、科学高效的学校家庭社会协同育人机制。机制的出台,事关学生全面发展健康成长,是国家为打破围墙做出的重大部署,有利于这一问题从根本上得到解决。

第五章

提高家庭教育质量，促进小学生德育发展

第一节　更新家庭教育观念

　　家庭教育发展需要先进家庭教育理念的推动,科学的家庭教育理念的配合。新中国成立后,尤其改革开放以来,我国的家庭教育之所以取得了长足进步,从根本上说是符合教育规律和小学生认知规律的家庭教育理念的先进性和科学性推动的。但我国的家庭教育仍欠缺一些东西,存在一些问题。这些问题成因较为复杂,涉及经济、社会、文化等多个方面。与时代节奏不合拍的家庭教育理念是一个不可忽视的因素。相当一部分家长一味强调家庭教育和学校教育的共性,把家庭教育看成学校教育的有机补充,这一看法否定了家庭教育的独特性,否认了家庭教育特有的根基作用,并不可取。还有一些家长,意识到了家庭教育和学校教育的差异,但对家庭教育培养子女良好道德并不关心,他们聚焦智育,看低德育,家庭教育的核心仍然围绕着提高子女的智育开展,这是应试教育对家庭教育理念的强烈冲击,致使家庭教育成为"功利"教育的变种。还有的家长在家庭教育中,没有摆正自己的地位,不考虑子女的权益、感受,唯我独尊,认为自己是权威的化身,于是在教育子女时出现越位或者失位现象,致使家庭教育出现"错位"。子女是家庭的希望,更新家庭教育观念有利于家庭和谐稳定,有利于子女综合素养的提升和身心全面发展,也有利于学校教育和社会教育的持续稳定发展。

一、借鉴西方国家家庭德育思想

　　党的十八大以来,我国对外文化交流日益繁荣,成果丰硕。思想的交流和碰撞,以及我国社会正处于关键的转型期这一特殊时期,使得我国的思想文化表现为多元化的思想文化稳固地长期存在。小学生是国家的希望,未来的栋梁,

因此家庭教育中要积极引导渗透其建立起正确的世界观、人生观和价值观。如何实现这一目标,对国外思想文化,可批判性借鉴吸收,这对创新我国家庭教育理论,实现家庭教育观念现代化,具有重要意义。

1. 借鉴价值澄清模式中积极因素

价值澄清模式是西方著名德育模式,也是一个蔚为大观的学派,其聚焦"价值观重塑",影响巨大。我国不少的教育学家和德育专家对其进行了深入研究,取得系列成果。我们借鉴价值澄清模式中的积极因素主要有下述几个方面。

一是德育来源于生活,德育是生活化的教育。这和"生活即教育,教育即生活"(陶行知语),不谋而合。杜威也曾说过"教育源于生活,是生活的另一种形式,是生活过程的系统化"。以上给我们的启示是,德育要在鲜活生动的生活之路上实施,不能拘泥于理论主义,更是要摈弃机械和教条,转高耗低效为低耗高效。小学生的生活是丰富多彩的,多形态存在于家庭、社会和学校,多形态的和丰富的生活都是对小学生实施德育的大舞台。

二是道德教育方法要主动不要被动。要告别"说教""灌输"的方法,德育教学方法要以"隐性""磁性"的方式来培养小学生。不可否认,所谓"说教""灌输""填鸭",有一定积极作用,但长期使用,易引起小学生的反感,易积重难返。价值澄清理论认为,小学生的价值观培育过程不能只靠"集体"灌输,忽略其主体作用和个性特征,正确的做法是用创新性的方法让小学生对既有价值观进行斟酌、商讨,然后自动选择,对不同的价值观点要明确澄清,进行"扬弃",积极主动融入生活,提升其自主认识和选择能力。

三是家长在家庭中的角色要有动态的正确定位,促进家庭成为民主和谐的家庭。在家庭中,家长和子女的地位不平等关系长期存在,主动权在家长手里,子女只能被动接受家长的指挥。这种角色的不平等使得子女在接受教育时易产生"阻拒感"和"疏离感",子女即使有自己的看法,在家长面前还是不得不屈从于家长。"阻拒感""疏离感"和不情愿的"不得不"使得子女心理负担过重,易使其产生心理问题。价值澄清理论有效避免并顺理成章解决了这一问题。价值澄清环境中,家长的观点看法,没有强行加给子女,家长主动给子女创造民主和谐友好的空间环境,让子女在这一空间环境里主动有为,主动作为,依照自己喜欢的模式去探索、实践、反思、提升,进而主动地实现自我,实现自我价值的科学生成。

四是驱动情感和行动的合力融合,厚植子女社会责任感。一般意义上,道德教育是知识的增量教育、情感的减量教育或者说无量教育。当情感被删减或者忽略,优秀的道德行为的产生就没有了土壤,小学生的"行为负责精神",也就无法产生,为形式而形式的形式主义的德育弊端不言而喻。价值澄清理论为此吹来一股新鲜的风,这股新鲜的风吹动的是小学生的情感因素,力促情感和行动的有机融合。两者融合的进程,本质上亦为小学生社会责任感萌芽和初步发展的一个进程,两者并行不悖。总体看,高度重视情感与行动的融合相生,子女的社会责任感才能生根发芽,落地开花。这是价值澄清理论的积极意义,可积极推动素质教育落实落地。

2. 借鉴体谅模式中的积极因素

体谅模式的主要特点是在道德教育中注重情感因素,把情感因素放在第一位置上。体谅模式传播广,影响大,具有其他理论无与伦比的专长。

一是体谅模式对机械枯燥的道德说教坚决说"不"。体谅模式同样认为道德教育根植于广阔的生活,并走向鲜活的生活。因此道德教育要围绕生动的现实生活进行,从生活中来到生活中去,通过生活给予的启示,启发小学生在生活中发现问题、分析问题并尝试解决问题。这里彰显了体谅模式生活化基因的内生动力和实践价值的驱动态势,广受家长及其子女的欢迎。

二是体谅模式具有较强的针对性,因而可操作性强。体谅模式理论的集大成者,著名教育家麦克菲尔认为,德育的最终目的是促进人的全面发展,这是带有普遍价值和意义属性的,为此他专门著有《学会关心》和《生命线》,这两本书虽然是针对学校德育展开的,但对家庭教育中的道德教育也有极大的参考价值。

借鉴体谅模式,主要包含以下几个方面。

一是德育要回归生活。德育源自于生活,需要回归生活。从这个意义上说,生活是德育的必然性归宿。在我国,家庭德育和学校德育,普遍存有道德教育教条化、形式化问题,德育与学生的生活脱节,走向"形而上学",陷入形式主义的泥潭,这使得学生对德育产生了排斥心理,德育难言有好的效果。体谅模式汲取"人本主义"合理因素,认为德育的内容如何选择,德育的方法如何实施,应当小学生说了算,具体来说,是小学生的"自我需求"或者"自我生活"说了算。借鉴体谅模式,就是要让德育应当走出教条,回归鲜活的现实生活,只有生活才能让德育入心入脑,德育也才能有绝佳的效果。

二是转变模式的德育为德育的模式。体谅模式认为德育不宜采用灌输模式,一味灌输意义不大,要多措并举,要聚焦行为和能力培养。灌输给学生的是"僵硬"的知识而非鲜活的能力。即使是对知识的灌输也是一种给小学生硬塞的"粗加工","粗加工"不利于小学生的"消化"。体谅模式是与现实生活接轨的生活化教育模式,比灌输模式更为有效。

三是体谅模式对德育目标做了梯度化设置。德育目标要有一定合理的梯度,这是由德育的现实性和针对性决定的。德育目标制定是不是科学,是不是合理,决定着德育成效是有是无,是大是小。由此观之,德育目标的制定需要具备科学性、针对性和梯度性才行,体谅模式恰好满足这一特征性目标。在目标设置上,体谅模式采取的是层层递进式的模式,是螺旋式上升的模式。螺旋递进进程中,充分考虑到了小学生的个人需要、利益分配、动机设定和人际意识培养等。另外,体谅模式也通盘斟酌了小学生外在生活环境的迥异以及内在能力认知的差距。

3. 借鉴科尔伯格思想中的积极因素

科尔伯格的道德认知发展论和模型观,对德育的目的与方法,德育的规律与特征等进行了总结和阐述,这一理论对西方国家影响较大,对我国德育教育也有多个层面的借鉴意义。

一是德育要跟小学生的年龄、心理特征相适应,相匹配或者说契合。良好的道德品质对小学生的全面发展具有显著的导向作用。与小学生的身心发展水平相匹配的,并以此为出发点的德育可以进一步促进小学生的身心全面发展。认知发展论和模型观的出发点是小学生的身心发展的规律性,并据此设计了差异性年龄段的差异性认知,这个差异性认识是具体的,具有很强的可操作性。我国的道德教育存在为形式而形式的倾向,没有与小学生的身心特征契合起来,这就导致德育成为空洞的说教。这启示我们:德育要出彩出成,先要对小学生的身心特点进行有针对性的分析,再利用其他相关知识,把设定好的教育目标"内化"于小学生心中。

二是德育活动是以小学生的主体作用最大化发挥为基础的活动。道德认知发展论明确反对"灌输式"德育,认为灌输法无法激发小学生的道德潜能。科尔伯格刻意设定"道德两难"模式,要求小学生根据具体情景展开分析并处理"两难"问题。目的是观测处理进程中,小学生是如何进行思考、思辨并参与生动实践的,本质上也是观测小学生的主体作用如何最大化发挥。马克思主义哲学告诉我们,人的主观能动性极端重要,要发挥人的主观能动性须臾也离不开客观世界的基础性作用。这一点上,马克思和科尔伯格不谋而合,告诉我们小学生道德教育同样离不开活动,家长和教师要积极组织小学生开展各种德育活动。德育活动的开展,最为关键的是发挥小学生的主体性。让他们在实践中发挥主观能动性去探索,在探索中强化道德认知,内化道德情感,力促道德发展。

三是倒逼德育教育法的改革和创新。家长如果坚持德育的灌输式教学,漠视小学生的主体作用和由主体作用促生的主观能动性,这种"直线式"输出,让家长和子女之间的距离越走越远。直线式输出模式,使得家长和子女的主客体关系出现退化或者异化。德育的"由点到点"的直线式灌输,仅仅把德育放置在二维层面,德育的丰富的立体的层次感和空间感得到了消极解构。科尔伯格思想偏重启迪诱导小学生开展"道德选择与判断",在真实情境中夯实对小学生进行"知行合一"的道德培养,这是我国家庭教育和道德教育的"他山之石"。

4.借鉴杜威实用主义德育理论中的积极因素

杜威认为,道德教育从来都不是孤立的存在,其与实践活动有机融合在一起,立足并依靠社会实践,研究德育,德育才能彰显价值,才能有丰富意义。杜威对德育的过程和目的也有深刻阐述,他认为德育的目的和过程深度融合,目的是过程性目的,过程是目的性过程。他认为,社会德育、家庭德育和学校德育是相统一的,互相渗透,互通有无,本质上是"三位一体"的关系。杜威实用主义德育理论的借鉴意义体现在下述几点。

一是家庭德育要体现出开放性来。德育要从"封闭牢笼"中解放出来,走向开放式活动。换言之,小学生良好道德品质的生成,不能走"纸上谈兵"之路,要在"绝知此事要躬行"的丰富实践中解决。据此,家长要带领子女走出家门,走向广阔的社会生活,做到家庭德育社会化。德育内涵实践性特征,家长应当做到"收放自如",让德育的实践性特征更加典型的彰显。此外,体验教育也十分必要,要引起家长重视,好的体验教育对提升小学生的道德实践能力具有重要作用。

二是小学生的主体地位要体现出突出性。杜威认为,德育是一种过程性教育,而非结果性教育,德育过程是需要小学生发挥主观能动性去探索和体验的过程。陶行知先生提出了著名的"生活即教育"这一观点,这一观点一方面深受杜威的影响,另一方面结合实际,又有了国家和民族特点。陶行知先生认为,对师范学校的学生而言,要学会做事,先学会做人,学会做人的过程就是充分发挥主观能动性的过程。综上,小学德育要围绕小学生这一"主体"开展、进行,采取讨论、探究、民主谈话和社会实践等小学生喜闻乐见的方式进行,只有充分尊重小学生的主体地位,才能满足其对道德教育的需要。

三是家庭德育要实现科学化。杜威认为无论是过程性德育还是在"做中学"的德育,其理论根基是一致的,即德育既要符合教育自身的规律,又要符合小学生的身心发展规律,二者缺一不可。只有两个规律都符合,小学生才能被培养好,才能实现自我发展。因而,作为家长,要提高自我德育能力,在家庭教育中要做到育人优先,这是家庭教育的根本任务,家庭中的其他成员也要积极配合,通过参加培训、自我研修、社区交流学习等途径提高自己的道德教育能力,这是根本。

二、借鉴中国传统家庭德育思想

我国是四大文明古国,四大古国中唯独中华文明得以延续至今。光辉灿烂的文明中,中国传统家庭德育思想熠熠生辉。以儒家思想为核心代表的中国传统家庭德育思想是广大人民在生动的历史实践和对德育规律把握的基础上逐渐形成并发展的,影响广泛而深远。借鉴中国传统家庭德育思想,对发展新形势下家庭道德教育有深远意义。

1. 中国传统德育思想的特点

一是把德育放在较高位置上,强调德教为先。重视德育,强调德教为先,是中华传统文化所蕴含的道德教育思想的基石。孔子主张"以德教民",认为为政的根本在于得民心,而得民心在于道德教化,道德教化是促成人性向善的重要措施。《左传》提出人要"立德",到了《大学》提出"大学之道,在明明德",则是直接明确德育的地位,德育要放在"各科教育的首位"。上述思想,显性或者隐性地体现了"德教为先"。家庭道德教育是有目的性的教育,即培养人成为"合格的人",成为品质高尚,发展良好的人。除了德教,中国传统德育思想也强调"修身"。"修身、齐家、治国、平天下","修身"是放在第一位的。如何"修身",很大程度上还是要靠道德教化。人人都能提高道德修养,整个社会风气的"淳化"便指日可待。

二是德育内容突出"人伦"教育。众所周知,人是社会性动物,无法离开群体孤立存在。如何实现正确的人际交往,先贤孟子认为"明人伦"最为重要。"明人伦"可以让人科学正确地处理好人际关系,学会为人处世,待人接物。"明人伦"让每个人都能成为遵守社会准则的人。"明人伦"指向性强、针对性强,涉及多方面内容。例如,就个人与国家关系而言,个人对国家要忠诚,要把国家利益放在第一位,必要时候甚至可以为国家利益而牺牲自我个体,这体现了个人应有的高度的社会责任感。就个人与他人的关系而言,要做到"仁爱",即对他人要关心、爱护,要懂得尊重别人,与别人用"爱"相处。这些都具有积极意义。

三是德育方法侧重于身教示范和启迪内省精神。怎样才能"以德服人",孔子认为"先正己,后正人"。注重身教示范对家庭道德教育的实施的借鉴意义就在这里。一方面,家庭教育中,作为被教育对象的家庭中的子女对其父母(家长)的"身教示范",有着自己的观测和判断,并据此建立起一定的道德观;另一方面,德育具有内省性,"个体的道德修养更要依靠自我审视和自我内省",并非全然依靠他人的言传身教或者说身教示范。所谓"见贤而思齐焉,见不贤而内自省也"。启迪内省法可以促使自己不竭不息地反思、省察,并通过践行把自己所形成的道德信念固化下来,逐步实现"外在之道"向"内在之德"的转化和升华。

四是德育机制强调多重要素的"熔合"。我国传统德育教育观对德育机制有明确的认识:德育机制不是单一项在起作用,而是综合项在起作用。家庭、社会和学校所构成的综合项,虽各自有各自的运行规律和功能作用,但其又是相容相生相互促进的。重视家庭教育是我国传统文化的一大特色,有科学性合理性,但古人同样认为,教育子女,只靠家庭教育是不行的,要弥补家庭教育的不足就要重视学校教育。古人认为学校教育是关系到治国安邦的大事,绝不可轻视。《礼记》中有"教学为先"的说法,直接彰显了教育的重要性。古人认为社会教育是人的道德生成的"助推器",这同样是肯定社会教育的作用、意义,认为社会教育不可或缺。良好的社会环境有利于人心的"善"生成,恶劣的社会环境则会导致人心加速向"恶"。荀子的"习俗移志,安久移质",就是说的这个道理。

2. 传统德育思想对家庭德育的启示

一是家庭教育德育为先。毋庸置疑,我国家庭对家庭教育有着前所未有的重视。但家庭教育的定位不准确,家庭教育的方向出现了偏差。受应试教育影响,家庭教育中突出了对子女智育的培养,边缘化了子女的德育,德育在家庭教育中的地位直线下降,不容乐观。即便有些家庭对子女进行了道德教育,也是

"一种顺便捎带"。中国传统德育思想,加以借鉴,对小学生的道德教育有百益而无一害。家庭教育中的一切工作都要围绕着德育进行,把德育工作贯穿于家庭教育的全程,让德育成为家庭教育的核心和重中之重,在家庭德育中促进小学生的道德形成和发展。

二是家庭教育中要以"小切口""渐进式"的方式提升道德教育实效。道德教育不能照本宣科,机械灌输,道德教育从来都是发生在身边,发生在现实生活中的,家长的一举一动一言一行,都可以是道德教育。这些微小的素材通过"小切口"的处理,都是引发道德教育的好教材。如何学会做人,学会做事,就靠这些"小切口"的张力来实现。传统教育思想中的"明人伦"说,其主观目的为统治者的统治做好统一的"口径",但从客观效果上来看,也具有一定社会意义,能够培养人格,淳化社会风气,进而可以维护社会秩序的良好运转。家庭教育要借鉴传统德育思想,真正走进小学生的内心,走进他们真实的生活,用"小切口"引发的方式,由浅入深,以小见大,循序渐进,将小道理讲成大道理,这才是有积极意义的做法。

三是家庭教育中要注重培养小学生的道德自律和道德实践。我国传统道德思想认为,要把道德从外在形式转化为内在的一种自觉,靠的是道德修养的方法,尤其是"克己修身"和"力行践履",这两者是根本性的道德修养方法。当道德实现了由外到内的转化,并在内沉淀和固定下来,这就巧妙地化解了知行无法协调的问题,真正实现了知行合一。但目前来看,只强调"教"而忽视"行"(实践)是普遍存在的。这一问题要想从根本上得以解决,需要借鉴传统德育思想。一是家长对子女要充分尊重,尊重他们的主体性,激发子女的积极性主动性,使其参与到道德自律行动上来,这才是真正的自我驾驭的自我教育,自我教育会让小学生学会选择正确的价值和行为。二是家庭教育中的德育实施要有实践性的内容和操作环节,例如,从小事做起,从自我生活做起等,这是道德实践过程的基本要求。

四是家庭德育不能孤立无援,而要与学校教育和社会教育"拧成一股绳,劲往一处使"。中国传统道德教育重视学校教育、家庭教育和社会教育之间的平衡,认为只有把三者有效衔接起来,发挥其最大化的"聚合力",道德教育的效果才能最大化彰显。目前家庭教育、学校教育和社会教育各自为战,甚至出现了一些冲突和矛盾,这也就造成了家庭德育"高耗低效"现象的存在,对小学生良好道德品质的形成是极为不利的。家庭教育离不开学校教育和社会教育的支持，家庭教育如果得不到后两者的配合，往往会事倍功半甚至是半途而废。因此，家庭德育要想取得实效，就需要高度重视学校教育和社会教育的配合，三者应建立起一种协作关系，生成一种德育工作综合开展和评价机制，这对提升小学生德育工作水平是有积极意义的。

资料链接

中西方德育教育的思考

在人类文明发展史上，中西方对道德教育的重视是有目共睹的。在道德教育发展与实践中，中西方都形成了自己独特的道德教育理论体系。在这些道德教育思想中，有不少思想是中西方一致认同的，当然也有不少思想是不同的。

从相同点上来说，首先中西方都十分强调道德教育的重要性，认为道德教育应该及早进行，早抓早管，这样才能为个人德行的形成打下良好的基础。其次，在道德教育的过程中，中西方都十分强调榜样的引导和道德实践的作用。

从不同点上来说，首先中西道德教育的目的是不相同的，中国德育的目的在于培养道德人格，而西方德育的目的在于培养公民意识。其次，在道德教育的问题上，中国德育强调德行至上、德教为先，而西方德育则重视知识对于道德的促进作用，提倡以智促德。在道德与利益的教育问题上，中国的道德教育重视道义，而西方的道德教育遵循功利主义的道德原则，认为个人利益的实现是道德的基础。在德育的方法上，中国德育讲求向内用功，主张通过自省等方式来完善自身的道德，而西方德育则讲求向外用功，如西方特别强调自由竞争，作为理性的人，应该在竞争中完善个人的人格。在宗教与道德教育的问题上，中西方也是不同的，中国的道德教育与宗教基本是分离的，而西方的道德教育一直重视宗教的参与，宗教教育一直是道德教育的一种十分重要的形式。

（摘自 http://www.docin.com/p-1114787396.html，2015-04-02）

三、夯实德智并重，引导小学生健康成长

家长要端正自己的认识，定位好小学生德育与智育的发展关系。在教育过程中，父母要做到"德智并重"，在智育教育中发展德育，在德育教育中发展德育，使小学生德育、智育相互促进、相互统一，共同达到小学生的素质教育目标。著名的儿童德育心理教育专家皮亚杰在其研究的道德发展学说中，提出人的道德发展过程与认知过程是相似的。皮亚杰提出著名的反应关系式：S →（AT）

→ R。("S"为刺激,"R"为反应,T为认知结构或认知图式,A为同化,AT为被认知图式所同化的刺激)。这个关系式的含义是说,小学生的道德品质的形成也是在外界刺激的作用下,通过已有的道德认知图式去选择、过滤、同化、整合,最后通过这种道德认知过程和道德选择结果,逐渐培养其道德行为。也就是说人的道德水平和智力水平是密切关联的,智力水平的极大提高就必然要以道德水平的提高为前提。同样,没有一定的智力水平,也不会有道德水平由较低阶段向较高阶段发展的可能性,但需要注意的是,智力的提高并不必然会产生道德的提高,因此,小学生成长发展过程中,德育和智育是同等重要的,决不能顾此失彼。

德智并重,要求家长更新培养子女的观念,家长要明确把子女培养成什么样的人,也就是要树立正确的人才观。家长学会处理德智的关系,要态度鲜明,不能重智轻德,要考虑到重智轻德给小学生带来的负面影响。家长与子女之间,家长与学校或者社会之间,要密切沟通,加强联系,通过对家长"引智",改变重智轻德观念。例如,社区可以组织家庭开展好亲子互爱活动,活动形式多样化,内容也应当多样。例如:为加强家长和孩子之间沟通开展亲子通信活动,让家长去发现孩子成长的烦恼和情感的需求,了解孩子的精神压力和学习负担;让孩子了解父母工作的艰辛和对家庭的责任。从而加强了父母与孩子之间的沟通,使他们互相尊重,互相学习,共同进步。除此之外,家庭亲子活动还可以由幼儿园、学校以及妇联部门组织,总之,要发挥亲子互动的最大作用,让活动改变观念。学校的作用是独特的,既是小学生学习的场所,也是与家长互动的场所,学校可以组织"以小手牵大手"形式开展学习型家庭创建工作。学校可以利用主题班会、团队课及活动课,分年级分班级召开学生会议,积极宣传学习型家庭创建活动的意义。建立以年级组为主体的家庭教育指导工作管理体制,召开全体班主任会议,宣传学习型家庭创建工作重要性,在思想上统一认识,学会指导家长方法。不仅加强和完善了学校对家庭教育指导工作的管理,并提高了家长学校的教育效果。社会对家长也要分类指导,提高家庭教育指导的实效性。家庭教育指导是一项长期而有艰巨的工作,家长的观念不可能在一次、二次指导活动后就可以改变的。因此,在集体指导活动之后,根据不同家长和存在的不同问题,通过"家访""家校联系册""谈心"和"家庭心理咨询"等方式,使家庭教育指导者与家长之间更多地沟通与理解,以促使学生健康成长。此外,学校或者政府部门以及社区可以开展好家长评选活动,用活动的形式激励家长更好地为小学生的成长服务,进一步提升小学生的道德水平。

四、尊重小学生德育教育的主体地位

尊重小学生德育教育的主体地位是由家庭教育中德育的特点所决定的。我们知道家庭德育工作不是单一的线性的工作,而是一个循环的复杂的系统,其构成内容丰富,其构成层次也就有多样性多层次性特点;尊重小学生德育教育的主体地位是规律性的东西,不以人的意志为转移。我们知道,社会是复杂的,作为个体的个人也具有复杂性,小学生的成长和成才,一方面是生活惯性的力量影响,但另一方面是受家庭、社会和学校多重环境的影响。道德教育的含金量如何,质量是否沉甸甸,客观上说,这与家庭、学校和社会密不可分,但主观上讲,其更是小学生的主动参与的过程,这个参与是直接参与社会生活,直接参与道德实践,因此与小学生的积极性、自觉性、主观能动性,以及其对道德教育的态度相关;尊重小学生德育教育的主体地位是由家庭教育改革中的发展变化所形成的趋势性力量所决定的。小学生千差万别,家庭教育状况也是千差万别,在家庭教育实现自身不断更新和发展的进程中,出现小学生自身素质差异性的扩大是必然的,这一点毋庸置疑。如何尊重小学生德育教育的主体地位呢,下述几点尤为重要:

一是遵循小学生认知发展规律。个体的道德发展总是在道德认知结构的矛盾冲突中不断地同化、吸收、调节和平衡的,它是一个"平衡—不平衡—平衡"的道德认知发展过程。每经历这样一个过程,个体的道德水平就实现一次飞跃。小学生开始对公正、权威、责任的理解,都有一个"无律—他律—自律"的认识发展过程,小学生是道德发展的主体,任何道德品质和行为习惯的养成都与自身的感同身受密切相关,家庭作为小学生道德品质形成和发展的微观环境,家庭德育教育必然是其道德判断力产生和发展的基础。因此,家庭在对小学生进行道德培养的过程中,要充分尊重并遵循他们不同年龄阶段特定思维的发展规律,坚持以小学生为主体,才能达到小学生德育教育的目标。

二是适应小学生身心发展需求。小学生其身心发育需求与其父母小学生时期的心理需求极为不同。父母要深入了解小学生特性,通过日常生活发现他们的兴趣爱好,掌握他们不同成长阶段的情感需求以及追求动机,从而提高德育教育的针对性功效,做到德育教育有的放矢。同时,从帮助小学生解决实际问题着眼,充分尊重他们的主体地位,相信并依靠小学生自己,更好地发挥家庭教育环境内在的教育优势。《中共中央　国务院关于进一步加强和改进未成年人思想道德建设的若干意见》中强调"贴近生活、贴近实际、贴近未成年人"的原则对家庭教育具有指导性意义。

三是培养小学生自我教育能力。人的存在价值和自我实现是教育的新起点，教育就是要促进个人潜能的充分发挥，教育的最高宗旨就是自我实现。苏联教育家苏霍姆林斯基也很重视自我教育，他指出："促进自我教育的教育才是真正的教育。"而小学生自我意识发展迅速，他们渴望获得尊重和信任，希望按照自己的意愿独立行事，不受约束。因而，家庭要尊重小学生的独立和民主意识，立足于他们自我教育能力的培养，引导他们正确认识自己的德育现状，提出适应时代发展的道德要求，并进行自我监督、自我控制、自我调节，达到社会预期的德育效果，然后用小学生自己内化的、符合社会发展要求的价值观念评价自我，并使得小学生个体的体验不断升华，并能够体验道德、体验人生、发展自我。

资料链接

小学生在德育教育中主体地位的体现

主体性德育不仅尊重学生的主体地位，还强调以师生互动为基础，以主体性原则为基本原则，要求发挥师生双方的主体性，由此建构的师生关系具有平等性、目的性等特征。曹春华从主体性德育运用的视角，提出所谓主体性德育就是在主题教育思想指导下，以主体的自主性活动为基本特征，以提高受教育者的主体性道德素质为根本目的的一种道德教育思想和道德教育实践。通过主体性德育可以把学生培养成一个在生理和心理、智力与非智力、情感与意志诸方面协调发展的人。梁卫和王志洲从德育价值的价值导向和价值取向的角度出发提出三种价值主体，一是体现国家对德育所要求的社会价值主体；二是德育工作者价值主体；三是德育对象价值主体，也就是学生的德育价值主体。他们认为确定学生的德育价值主体地位可以在理念上改变过去在学校德育中育德者具有的绝对霸权问题，而德育者和社会对德育对象价值主体的价值取向也只能限定在"导"而不是"替"，使德育双方具有共同的价值需要的平等地位。

（摘自 http://blog.sina.com.cn/s/blog_947994a00102v78w.html，有删改）

五、重视小学生非智力因素的培养

在家庭教育尤其德育教育过程中，重视小学生非智力因素的培养，一切围绕他们的各项发展来进行。

重视小学生非智力因素的培养,家庭德育工作就要做到统一性与多样性的有机结合。家长需要注意家庭德育工作和有利于小学生个性发展的活动的内在关系,德育是一项动态的活动,活动中蕴含着丰富的德育思想和内容。作为合格的家长,就应当给小学生开出一张可供他们选择的合适的德育工作"菜单",菜单的丰富性和多样性,对应了小学生个体的丰富性和多样性,也对应了社会生活材料的丰富性和多样性,这样可以使不同的小学生群体都可以找到适合自己的教育与活动方式,合适的就是最好的,这样家庭教育的有效性才能显现出来。

重视小学生非智力因素的培养,就要明确培养道德动机。道德动机是道德生成的内在性驱动性力量。具体来说,激发良好的道德动机就是对待自己喜欢做的事情,小学生不但愿意去做,而且愿意精益求精地完美地去做,这是道德动机作为驱动力的力量所在。在家庭道德教育过程中,作为家长一定要对小学生的正确道德认识和因而而采取的道德行为进行正面强化,使小学生珍惜这种道德成就感或者荣誉感,长此以往,这会进一步沉淀形成稳定而有序的道德动机。

重视小学生非智力因素的培养,就要有针对性的培养道德兴趣。道德兴趣是道德实践所完成的必备条件之一,也是最为生动的条件。当前,小学生在家庭生活中较为普遍的缺乏道德认知兴趣。要解决这一问题,一方面家长要在道德教育内容上下功夫,另一方面家长要在教育方式方法上做文章。家长要营造良好的家庭教育氛围,充分调动家庭中全部的积极因素和条件进行家庭教育,把家庭中全部有利因素或者积极因素最大可能地调动起来,发挥其最大化作用,这种作用的发挥本质上是环境带来的,因而应当是潜移默化的,而不是直显的。

第二节 提高家庭教育者素质

影响一个人一生成长的因素有很多,在纷繁复杂的多重因素中,父母的因素是最为重要的,也是影响最大的,具有不可替代的意义。父母的一言一行都会影响到子女性格的塑造,对子女的成长具有决定性的影响。有人说过这样一句话:"一个民族的较量就是母亲的较量。"还有人说:"推动摇篮的手也是推动世界的手。"由此可见,父母存在的意义之伟大,家庭教育的意义之伟大。现实情况是,由于父母自身存在的一些问题,使得在家庭教育走进了误区,严重影响家庭教育的发展。此外,随着时代的变化,社会对家庭教育提出了新期盼新要求,对家庭中的父母也提出新的要求,要求家长转变观念,适应社会和时代的发展,成为一名合格的父母。那么合格的父母应具有什么样的素质呢?

一、培养高尚的道德及心理素质

人的全面发展的观点中,最重要也是最基本的观点是"德、智、体、美、劳"全面发展,而德育居于"五育"之首,道德素质是做人之本,也是为人父母的首要素质。家长是孩子最早、最直接的模仿对象。父母的言行潜移默化地影响着孩子的品质,因此,父母良好的品质示范是小学生品质培养的最佳途径。尤其在经济飞速发展的今天,社会对父母提出了更高的要求,需要广大家长树立正确的人生观和价值观,努力培养高尚的道德品质,通过父母的言行为孩子上好生活的德育课堂。

家庭生活中对子女影响最大的是父母的心理状态及其言行举止。家长的心理状态对子女的德育效果起着至关重要的作用。在家庭中,有的子女性格较为温顺,有的则脾气暴躁,还是有的则是较为敏感。这些性格的形成,也都与父母的情绪息息相通密切相连。因此,要培养心理品质优秀的子女,父母就要具有良好的心理素质,这对形成子女坚强的个性、勇于战胜挫折的心理是非常必要的,也是有重要意义的。这就需要父母能够多学习心理学知识,掌握一些心理调节技能,改变一些错误的思维定式,努力使自己能够具备乐观、积极、真诚、友好的心理素质,这样才能为孩子传递良好的道德情感,培养其良好的道德品质。

──────────────────────────────

资 料 链 接

家长必备的心理素质

(1)具有稳定的情绪状态和健康的情感

作为家长,你一定要善于用理智来驾驭自己的情感,努力培养自己的健康情感,保持情绪的稳定,避免大起大落,喜怒无常。

(2)具有坚强的意志和坚持性

一个好家长做任何有益的事情,都应该有决心、有恒心、有毅力,不怕困难,勇于战胜困难,这才能为孩子树立一个好榜样,使孩子知道,做任何事情都要付出巨大的努力,没有辛勤的付出,就没有成功后的喜悦。

（3）不断完善性格

家长形成自信、坚韧、果断、有成就动机的现代人性格特征,有利于对孩子教育能力的提高和发展,对孩子产生积极的影响。

（摘自家长帮社区,有删改）

二、提高文化素质及德育能力

家长的文化素质是影响小学生德育效果的间接因素。在一个家庭中,家长不可能成为教育专家,但需要家长了解子女身心成长的规律,绝对不能做一些违背子女身心发展规律和教育规律的事情。规律一旦被违背,后果不堪设想。例如处在这个年龄段的子女好奇心强,求知欲望强,其提出的问题和生活中的行为方式有时候有些奇怪,或者说是不可思议,这个时候家长绝对不能一味地去指责去打骂,而是要去保护子女的这份好奇心,去引导子女探索未知,为以后的成长打下坚实基础。这一点是非常重要的。未来的社会是知识竞争的社会,家长应通过各种方式不断地开阔视野,提高文化素养,同时,结合小学生德育需要,有选择地掌握教育孩子的知识和技能。家长要全面了解孩子的心理、生理特点,了解个性,从实际出发,因材施教。为此家长们应挤出时间来学习一些家庭教育方面的知识。

德育能力也是家长素质中的重要因素,这一因素对小学生德育产生最直接、最有效的影响。家长的道德品质、心理素质和文化素养都不能直接等同于德育能力。生活中,孩子个性千差万别,德育问题也是因人而异,解决方法不可能唯一,因此,需要父母具备一定的培养孩子道德品质的能力,以便于帮助孩子有效的解决教育问题。德育能力不是人天生的自然能力,而是父母在教育实践的过程中,不断地通过学习、积累、实践、总结而获得。这就需要广大家长要有意识地、主动地去学习实践,和其他父母、老师、教育专家,甚至是家教培训辅导中心共同交流、沟通,努力提高自身的德育能力。

资料链接

平桥区举办社区家长学校提升家庭教育水平

家庭是哺育子女成长的社会细胞,父母是子女天然的思想启蒙者,对子女成长的影响具有较大潜移默化的作用。为进一步提高社区家长的家教水平,提高家长整体素质,近日,平桥区平桥办事处举办社区家长学校活动,指导家长进行科学的家庭教育,营造良好的家庭氛围,提高家庭教育水平。世纪广场社区举办了以"读好书·习美德·立良行"为主题的社区家长学校培训班,社区全体工作人员及辖区内的家长30余人参加了此次活动。

培训会上,家长学校副校长告诉辖区家长,作为家长要提升自己的综合素质,在正确引导孩子多读书、读好书、读有益图书的同时,与文明礼仪思想道德教育有机融合起来,并号召家长们闲暇时多到社区积极参加社区家长学校开展的各项有意义的活动。

通过此次活动,家长们充分认识到读好书、习美德、立良行对培养教育孩子健康成长的重要性,纷纷表示愿意积极配合社区和学校做好未成年人思想道德教育,全面提高孩子们的综合素质。

(摘自:信阳文明网 2016-10-21)

第三节 丰富家庭教育内容

笔者主要从小学生德育发展的角度,提出几个适合小学生德行培养的整体性教育内容,以供参阅。

一、倡导礼仪教育

小学生的礼仪教育包括个人礼仪和交际礼仪两个方面,其中个人礼仪主要指仪容、仪表和谈吐,这是一个人的精神风貌的首要表现,交际礼仪主要指人们在公共场合和与他人交流的时候的言谈举止。礼仪不但是家庭、学校和社会有序运转的保障,更是小学生的道德和修养的直接反映。但是,到目前为止,我国小学生犯罪现象仍然要引起重视,引起小学生犯罪的因素是多方面的,但至少也存在一点,即这些少年犯罪者在其道德萌芽阶段的家庭礼仪教育功效较差或是根本缺失。因而,小学生的家庭礼仪教育,尤其是小学生早期的家庭礼仪教育将对小学生德育发展产生极大的影响。家长重视小学生子女的礼仪教育,要从以下几个方面考虑。

1. 家长的礼仪要对小学生子女起到榜样作用

榜样的力量是无穷的,对小学生子女进行礼仪教育,首先要从家长自身做起,家长和小学生子女共同生活在一个家庭中,其一言一行一举一动对子女都有较大的影响,因此家长首先应加强自我修养,具有良好的礼仪行为,特别注意给子女留下好的印象,用自己良好的礼仪为子女树立榜样。在日常生活中,家长要格外注意生活细节,例如随地吐痰、随手扔垃圾的行为,要坚决杜绝,一旦出现这些不良习惯,子女看在眼里,记在心里,潜移默化中也会模仿家长的不良习惯。

2. 家长要利用各种时机对小学生子女进行礼仪教育

这里的各种时机主要包括两部分,一是日常生活中的时机,二是有教育意义的重大节日、典礼、活动等带来的时机。日常生活中的时机,源于日常生活的渗透所得,家长应当与子女一起建设家庭礼仪教育环境。在父母交往之间,父母和子女的交往之间,在家庭集体活动(教育活动、娱乐活动、体育活动等)中,都蕴含有礼仪教育的时机,都是礼仪教育的"课堂",家长要把握住这些时机,通过与子女的交流互动落实礼仪教育。日常生活是平凡的,也是长期的,把日常生活浸染于礼仪的实践熏陶之中,必然对子女形成良好的文明礼仪修养是有较大帮助的。家长可以像学校一样,建立礼仪教育工作计划和方案,根据计划和方案实践礼仪教育,这样可以使教育更有针对性和目的性。有教育意义的重大节日、典礼、活动等带来的时机,每年也有很多,需要家长主动捕捉。

3. 家长要和社会、学校联手对小学生子女进行礼仪教育

对小学生子女进行礼仪教育,不仅要靠家长,还要靠社会和学校。一方面,社会要营造有利于礼仪教育的氛围,对小学生子女进行礼仪教育的实施,社会要负起责任来,通过营造一定的有利于礼仪教育的氛围,制造一定的舆论,以环境影响小学生感情的变化,并以情感的变化来促进礼仪活动的开展。人的日常生活本质上是社会生活的一部分,对小学生子女进行礼仪教育,就需要留心每日的生活,为小学生子女创设"彬彬有礼"的生活实景,让人与人之间相处(相互尊重、关心、友善和信任)得更加愉快活泼,人与社会和谐协调,成为社会提供的良好礼仪教育氛围并固定下来。这对小学生子女进行礼仪熏陶是有益的,也符合"知行合一"教育理念和"以人为本"教育理念的贯彻落实。　另一方面,礼仪教育在具体实施的过程中,离不开专业的训练,而训练又来自于学校的指导和要求,因此学校教师,尤其是班主任教师应当充分利用各种有利时机对小学生进行礼仪教育的指导和规范,使其行为符合社会礼仪要求。

资料链接

家庭中要重视孩子礼仪教育

家庭中如何加强对孩子的礼仪教育呢?

首先，要建立健康向上的家规家风。家规是指家庭成员在家庭生活中必须共同遵守的行为规范；家风则是指家庭传统习惯、精神风貌、生活作风和处世之道。家规家风对小学生的健康成长起着约束和示范作用。严格的家规帮助小学生"择其善而从之"，能够提高家庭的教育质量，促进子女的健康成长。良好的家风对子女的行为有着榜样示范的作用，家长发扬民主，与子女平等相处，孩子们才能够开心快乐地成长，个性和聪明才智会得到充分发挥。

在孩子成长的过程中，家庭教育应以日常行为规范教育和落实为基础，建立健康向上的家规家风，教导孩子从身边的小事做起，为小学生提供长期的礼仪实践平台。

其次，要坚持以日常生活规范教育为重点，注重礼仪行为养成。教育过程是一个由浅入深、由低及高、循序渐进、不断发展的过程。家庭礼仪教育也应遵循小学生生理心理发展变化的一般规律，从日常小事和具体的生活规范教育入手，尤其要在孩子年幼的时候，家长就要创设愉快的教育情境，让儿童在不知不觉中接受礼仪知识，养成良好的礼仪行为习惯。此外，重复和练习是养成习惯的关键环节，抓好日常生活规范教育，养成良好的礼仪行为习惯，要依赖于反复的训练和强化。家长不能因为忙于工作或者专注于提高孩子的学习成绩而对日常行为疏于规范和引导，使小学生养成不好的礼仪习惯。

最后，家长要自觉践行文明礼仪，发挥榜样和示范作用。孩子的道德人格最初是从父母那里观察学习而来的，父母的言行举止对孩子有潜移默化的作用。古人云："与善人居，如入芝兰之室，久而不闻其香，即与之化矣。与不善人居，如入鲍鱼之肆，久而不闻其臭，亦与之化矣。"由于小学生的年纪尚轻，入世不深，意识较为单纯，行为习惯尚未形成，父母的言行举止、品行修养甚至衣着打扮、行为习惯都会成为孩子学习模仿的重点。因此，为人父母者，一定要加强自身的礼仪修养，美化道德人格形象，严格注意自己的言行，给小学生子女树立良好的榜样，营造和谐家庭礼仪文化氛围。

（摘自《现代教育报》2015年12月，作者：孙思珍）

二、关注品格教育

品格教育是小学生健康成长中不可缺少的道德培养和人格奠基教育，主要包括正直、诚实、勇敢、善良、毅力、进取心、责任心、独立性以及应对挫折的能力等。这些品格的形成，主要是家长在日常生活中通过自己的行为示范逐渐培养的结果。但是，品格的养成必须通过长时间的模仿和观察，并最终转化为内在的个人特质。

1. 诚实是一种品格

家长要教育小学生为人处世做到诚实，绝不弄虚作假。诚实的品格对小学生的健康发展具有重要意义。诚实的内容有大有小，在家庭社会和学校中都有不同的表现，具体来说，对待祖国和人民，家长要教育子女要有一颗诚心和忠心；对待老师、同学和朋友，家长要教育子女真诚相待，言而有信；对待学习和生活，不能弄虚作假，说谎欺骗。当家长发现子女言行举止有不诚实的苗头，必须加强教育，使其改过自新。

2. 勇敢也是一种优良品格

所谓勇敢教育，就是家长要教育子女面对困难和危险有勇气、有胆量，只有有了一颗勇敢之心，才能去克服所遇到的艰难险阻，也才能有可能战胜自己内心的恐惧情绪，实现人生品格上的升华。家庭教育中勇敢教育要渗透，家长在子女的日常生活学习中，要鼓励子女敢勇于创新，敢主动挑担。培养子女具有勇敢的品质，需要家长的正面鼓励和表扬，并对这种鼓励和表扬予以强化，有针对性的强化。比如，有些小学生害怕上台发言，内心胆怯，不论在学校还是在家庭中，都要给予其足够的锻炼机会，在锻炼中再进行有针对性的指导，并提出新要求加以正面强化。

三、实施爱的教育

爱的教育所追求的最关键目标，就是培养受教育者具备爱的情感，并增强他们爱的能力。教育者对被教育者充满真挚的情感，无疑会使受教育者乐于接受并实践教育。爱的教育，应该是使被教育者在感受到教育者施与的无私的爱后，把这种爱自觉地加以传播，进而爱我们的社会、爱我们的民族、爱我们的国家。爱的教育既强调施教者爱的付出，在教育过程中形成充满爱心的"情感场"，使受教育者自觉自愿地趋近和认同，从而产生"春风化雨，润物无声"的情感教育功效，同时，还关注受教者爱的情感的生成。这两个方面是相辅相成，辩证统一的。总而言之，爱的教育就是以人文关怀为核心，强调人的尊严、权利和价值，以培养具有爱心的人的教育活动。

父母在具体实施"爱的教育"的过程中，要注意以下几点：一是要认识到受教者有其独立、平等的"人格尊严"，要真正做到理解和尊重，用心灵赢得心灵。

二是施教者要真正地关心、爱护受教者,同时要能够做到平等、公正、不溺爱、不偏向,做到公正关怀,用人格塑造人格。三是要施以理智的爱,做到宽严有度,严而不苛,爱而不纵,以爱心换爱心。四是通过实践培养爱心。让受教者在实践中交往,在交往中进行情感的交流,在交流中感受、体验、评价自己的情感和他人的情感。综上所述,"爱心"是"德行"的重要内涵,培养爱心是小学生完善人格、健康成长的需要,也是新时代社会对家庭教育者提出的热切呼唤。

资料链接

家庭教育是爱的教育,父母要能够正确地爱孩子

家庭教育是爱的教育,父母要能够正确地爱孩子。爱并不难,难的是接收爱的一方,也就是孩子能否理解我们的爱,能否吸收爱的营养,变成他茁壮成长的动力。那些整日说教、唠叨的父母是爱孩子的;那些使用棍棒的父母是爱孩子的;那些过量满足孩子的物质要求、用礼物交换成绩的父母也是爱孩子的……他们的爱让孩子反感、破坏了亲子关系、影响了孩子健全人格的发育。这样的爱是初级的爱、盲目的爱,亟须提高和学习。

爱是一种能力、一种智慧,尤其是父母对孩子的爱,承载着重要的教育功能,更需要父母有一颗保持警醒、灵敏、柔软与敬畏的心,随着孩子的成长不断调整和孩子的距离,调换爱的方式。父母的成熟不是一蹴而就的,成熟的心理素质更不是天生的,每一个把孩子培养成才的父母,都是一步一个脚印,历经一次次蜕变,最终才找到适合自己孩子的教育方式。

四、重视法制教育

法制教育的基础是纪律教育,也是遵守规则的教育。遵守纪律是社会对所有成员的要求,也是社会活动能否取得成效的保证,从这个意义上说,纪律教育对小学生良好人格的养成,良好道德品质的养成都有着积极的促进作用。如何加强对小学生的纪律教育呢,第一,家长要在子女面前讲清楚规则制度纪律等的重要性,要通过活生生的例子把这个重要性讲活,让小学生清楚认识到纪律教育的重要意义,提高其认识,让小学生养成遵守纪律的良好习惯。第二,家长要依照子女身心发展特点,培养子女的自制能力,自我管控能力,以此锻炼他们的意志和品质。第三,纪律教育并不仅仅是家长对子女的教育,也是家长对自己的教育,只有率先垂范,以身示范才能为子女做出好的榜样,榜样的力量是无穷的,子女看到家长严格遵守纪律,自己必然跟着效仿。第四,纪律教育并非只

在家庭教育中存在,学校教育中也存在,家长要配合学校、配合教师,使子女在学校全面遵守学校教育。当然,仅重视纪律教育还是不够的,法律教育的重要性不是纪律教育所能替代的。

家庭法制教育对小学生健康成长意义重大,要改变当前父母忽视法制教育的现状,首要任务就是要增强父母的法制教育意识,要牢固地树立依法育人的家庭教育观念,以高度的社会责任感,将小学生培养成为自觉学法、守法、护法的新时代接班人。其次,父母要提高自己的法制教育素质,通过积极学习各种法律政策、了解近年来国家颁布的未成年人保护法,认识家庭教育的法制教育职能,充分预防小学生犯罪行为的发生。家庭法制教育是小学生法律意识的启蒙教育,基于小学生自身的身心发育特点,家长可结合爱国、理想以及自尊自爱、遵纪守法等教育方式进行法制教育。当然,家庭教育的法制功能发挥还需要社会及学校的多方面配合,如通过家长学校向家长普及法律知识,参与亲子互动的法律教育活动等多种形式的教育方式,帮助小学生建立内在的法律信念,提高整个家庭的法律素质。

资料链接

法制教育也是家庭教育的内容

充分发挥家庭对小学生法制教育的积极作用,应从以下几方面着手:

积极改善家庭环境、和睦的家庭氛围以及家长自身的品行端正是孩子成长的好环境。父母要为配偶、子女尽责,履行家庭义务。做子女的表率,做到自尊、自律、自爱,学法、知法、守法,不做违法乱纪的事,树立良好的自身形象;要不断加强道德修养,不做有违法律和道德的行为。要在日常生活中注意自己的行为方式,言谈举止要文明。

严格进行正确的家庭教育。家庭要在预防和减少小学生犯罪中发挥积极的作用,还必须对小学生进行科学教育和正确引导。父母努力提高自己的素质和能力,了解和尊重孩子在生理和心理急剧变化时期的特征与要求,进行因"龄"施教的全方位教育,不能有所偏废。把道德教育放在家庭教育的首位,进行积极、正面的人生观教育。

实行严格、科学的家庭管理。在家庭管理中,教育子女既不能百般溺爱,又不能简单粗暴,要宽严得当,晓之以理,动之以情,使小学生真正体会到家庭的温暖和父母对自己的关心,从而提高家庭的凝聚力;对孩子的培养要注意从品行、素质和性格三大方面抓起,尤其要注意培养子女分析问题、解决问题和适应社会的能力;对子女的错误言行敢于坚持原则,该批评的要批评,更要注意讲清道理,指出危害,尤其要防止矛盾激化,使子女知错即改,逐渐养成良好的思想品行和作风。

(摘自《中华家教》2016 年第 12 期,作者邹新军)

五、进行爱国主义和集体主义教育

爱国教育,即家长教育自己的子女要热祖国,热爱人民。爱国是人们对自己祖国的一种深厚情感。在家庭中,家长对子女进行爱国主义教育,不仅仅是因为未成年子女是祖国未来的建设者和保卫者,而且爱国主义教育是其他一系列理想信念教育的重要基础,爱国主义教育是总纲,其他方面的教育无法离开爱国主义教育而独立存在。家长对子女进行爱国主义教育其基本内容就是教育子女热爱祖国、热爱人民,为国家的独立、民族的富强和人民的幸福贡献自己的一份力量。热爱祖国不是抽象的,空洞无物的,而是具体的形象的,小学生要从小事做起,从身边事做起,把爱祖国和爱家乡,爱家人,爱亲朋好友联系起来,家长要准确向子女阐述我国的国情,激发子女爱国的动力,为长大后报效祖国打下思想基础。家庭中的爱国主义教育不需要"宏大叙事",而需要细节渗透,把爱国主义思想渗透到小学生的全部学习和生活中去。

集体主义教育的内容必然为集体主义。集体主义在我国的存在是由必然社会根基的,集体主义的根基是无产阶级的思想意识和社会主义道德,最根本的是则由我国是社会主义国家所决定的。集体主义教育是家庭教育的重要组成部分,有助于小学生树立崇高的理想和坚定的信念,有助于他们处理好个人与集体,个人与社会的关系,从而有助于促进他们的全面健康发展。家庭教育中渗透集体主义教育,就是要通过具体鲜活的实际例子,培养子女热爱集体,关心集体,进而培养他们的社会责任感。这种社会责任感包括遵守集体纪律,维护集体荣誉,尽自己的力量把自己所在的集体打造成一个坚强团结的集体。

资料链接

爱国主义教育融入家庭教育

在现实生活中,有不少家长往往把时间和精力放在孩子的学习成绩上,他们总是督促孩子好好学习,将来考个好成绩,上个名大学,拿个高学历,有个好工作,却恰恰忽略了孩子的爱国主义教育,认为爱国主义教育无关紧要。其实不然。爱国主义教育对孩子的健康成长至关重要,通过爱国主义教育,能让孩子了解到祖国的历史文化以及优良传统,更能在孩子的心中播下爱国的种子,使孩子拥有热爱祖国的情怀、强烈的民族自豪感和报效祖国的责任感,成为对社会有用的人才。

相反,家长如果只重视孩子的学习成绩,不重视孩子的爱国主义教育,就会使孩子的心中只有小我,没有大我,缺乏热爱祖国的激情,以及自身积极前进的动力。一个没有爱国情怀,没有民族自豪感,只重视个人利益,不关心国家大事的孩子,即使成绩再好,学历再高,也难以融入于社会,造福社会,终究会被时代及社会所淘汰,成为庸庸碌碌,无所作为的人。

有一句话说得好:"有国才有家。"孩子是祖国的希望,更是祖国的未来。我们每位家长都应该提高自身的爱国素养,运用生活中的点滴小事对孩子进行爱国主义教育,使他们健康茁壮地成长。

（本文发表于 2018 年 3 月 1 日《中老年时报》的《家庭》版面）

六、引入生命教育

家庭教育本质上也是生命教育。家长面前的小学生,是一个个鲜活的生命个体,对待这些生命个体,家长如何进行了解,如何进行帮助,怎样才能懂得尊重他们,怎样才能成就他们,这是家庭教育的重要内容,也是家长们需要思考的问题。从这个意义上说,家庭教育的对象是个体生命,家庭教育的实施,要建立在对个体生命基本的理解和尊重之上,建立在对个体生命的敬畏之上。因而,家庭教育中的生命教育是最具有弹性,最富有张力,也最为人性化的教育。可以说,生命教育关乎小学生的身心健康成长,关乎家庭的和谐和亲子关系的和睦。现实生活中,有太多的案例,让我们担忧,让我们反思生命教育的价值和意义。

作为家长,如何生命教育引入家庭教育呢,尝试从以下几个角度把握是可行的。

一是教给子女必要的安全知识和技能,提高子女的安全意识。在现实生活中家长虽然强调安全的重要性,教育子女注意人身安全,但从相关案例发生的比例来看,对子女进行必要的自护意识及相关技能的培养和传授,却远远还不够,效果也并不好,子女的安全意识仍有待提高。因而,家长要重点教授给子女一些必要的求生技能,例如学会游泳。家长也要教育孩子注意日常生活中危险的存在并学会处理,例如正确使用煤气。家长要教育子女不去大江大河以及危险池塘游戏,拿出全国每年溺亡小学生的数据和实例来给子女敲响警钟。作为家长也要教给子女必要的自我保护的生存技能,例如,碰到浓烟知道用湿毛巾捂住口鼻、要沿着楼梯低姿态逃生,带领子女在生活中学习常见的交通法规,以有效避免交通意外的发生。

二是家长要重视对子女进行心理辅导。小学生是一个特殊的生命群体,他们的生命之路刚刚铺开,在生命前行的道路上需要得到家长的尊重,需要得到家长的关爱,作为家长也要满足他们子的独立与个性需求。因而,家长要了解他们心里想什么,遇到了什么心理问题,需要家长帮助解决哪些问题。首先,家长教育子女的心态要良好,方式要良好,对子女既不溺爱也不能漠不关心,创设有利于子女成长的良好家庭环境。其次,家长要经常和子女谈心,重视心灵的沟通,了解子女所思所想所惑,当子女说出心里的矛盾和困惑时,家长要及时疏导有效解决,把问题解决在萌芽状态。再次,小学生必然经历青春期这一特殊时期,这也是最容易出问题的时期,家长要主动了解子女生理和心理发展特点,当子女遇到问题或者犯了错误,少批评少责骂,多鼓励多理解,家长要学会换位思考,主动站在子女的角度思考问题,和子女一起度过这个人生的特殊时期。最后,家长多关注子女的学习,当子女的学习出现了问题,也容易引发心理问题,引发他们情绪的变化,家长要及时关注,及时引导,学会客观对待这些问题,并能积极主动的解决。

三是家长要营造良好的家庭氛围,让子女的心态正面积极阳光。对生命的热爱是一个人的生活姿态,也是一个人良好的个人修养和较强的综合素质的体现。热爱生命,珍惜生命,需要一个人良好的心态和豁达的心境作为支撑,由此可见,心态和心境如何直接决定着小学生对待生命的态度。有资料表明,大约有80%的小学生心理出现问题,是由父母的心理错位引发的家庭氛围不和谐所导致的。这说明,小学生心理是否有问题,有多大的问题,与家庭环境密切相关。因此,在家庭中,父母要为自己的生命意识设立好"关卡",只有自己通过了这道关卡,子女才可能通过这道关卡。这道关卡就是家长从自我做起,珍爱生命、善待生命,每个人的生命只有一次,只有对生命持有珍爱和善待的态度,人生才能积极向上。这就需要家长通过各种方式的学习和培训,不断更新家庭教育观念、深刻理解生命存在的价值和意义,实时更新自己的知识技能、通过努力不间断地去完善自身性格,学会完善自我,包容自我,成就自我,这样才能真正成为子女的良师益友,这样家庭氛围才会是积极的阳光的友善的,也只有这样才能引导子女以豁达之心学会包容、学会感恩、学会生活。

四是家长让子女去体验生命,实践生命的真谛,锻炼他们的抗压能力。体验生命,就是要让子女在体验活动中更好的理解他人,理解他人正处于什么样的处境,又有什么样的需求,进而懂得宽容,懂得原谅别人,这样才能与他人友好和谐相处。子女的成长过程不可能一帆风顺,只有在体验生命的过程中,才会懂得珍惜生命,懂得善待生命。体验生命就是要体验生命中的失误、反思、进步以及成长等全部过程。如果子女没有这样对生命的体验,那么他们就像生活在温室中的花朵,经不起风吹日晒,经不起生活中的挫折与困难。生命教育不是说教,而是在活动中体验生命的奥妙,感知生命的轻与重,家长要相信子女,应当明白子女自己的问题,首先应大胆放手让他们自己去做处理,当子女遇到问题,需要帮助的时候,家长要及时出现,对其进行适当的引导,在引导的过程中,让子女自己独立感悟生命。

五是家长要引导子女学会励志,体现生命的价值。人活着就要励志,小学生处于人生的关键时期,更要励志。所谓励志,就是不安于现状,有更高的理想和追求,并为此付出实际行动。家长要想引导子女励志,首先自己必须励志,没有励志的家长是不能引导好子女进行励志的。当今社会的小学生喜欢追求个性化,喜欢张扬自己的个性,这个并没有什么错误。但我们家长还是要引导子女要具有广阔的胸怀,国家民族的责任感,经常和子女谈论国家大事,国际大事,多与孩子共同阅读名人传记,感悟他们的人格志向的伟大与不屈执着的精神,引导孩子追求积极向上的人生,享受生命的过程,体现生命的价值。

七、重视责任教育

一是培养子女的责任感,家长首先要有责任感。家长是子女的第一个人生导师,也是最重要的人生导师。家长的言传和身教往往能够深刻地影响着子女。包括家庭生活细节中家长的一举一动一言一行,子女都会看在眼里,记在心上,这个过程是潜移默化的,而不是直显的。而后,子女会不由自主地模仿家长,模仿他们的话语体系和行为方式。试想一下,如果家长毫无责任感,对待自己的言行不负责任,对自己的承诺不能兑现,子女看不到也感受不到责任感的重要性,也会学家长变得毫无责任感,这样的家庭培养出来的子女责任感是严重缺失的,缺失的源头就在于家长责任感的缺失。因此,家长要求子女具有责任感,就应当自己以身作则有强烈的责任感。从这个意义上说,做一个有责任的家长是家庭责任教育的源头和起点。

二是家长要大胆放手,让子女做好自己分内该做好的事情。因此,在家庭生活中家长要让子女回归其应有的角色,使其真正担任起相应的角色来才行,子女作为独立的个体,家长要教育他们有主人翁心态,自己的事情学会独立做,自己的事情要做好。当整个家庭中全部成员都能明确自己的角色,对自己所做的事情负责,久而久之,子女的责任感也会渐渐建立起来,并会因责任感而生成使命感,这对他们的成长和发展是极为有益的。

三是责任教育重在实践,让子女帮助自己做力所能及的家务是可操作性强的实践教育。有人曾说过,实践所带来的体验是做好的体验,这句话非常正确。在家庭生活中,家长要寻找机会甚至是通过创造机会,让子女动起手来,让他们做一些他们感到兴趣盎然的而且是力所能及的事情。作为子女,理所当然要关心家庭中发生的事,学会积极主动地为家庭分忧解难,体谅父母的疾苦。让子女动手实践,帮助自己做一些力所能及的家务。一方面对其紧张的文化课学习是一种调节,这种调节使得他们的学习更高效更专注;另一方面培养了子女自觉动手动脑的好习惯;最为重要的一方面是通过做家务,子女会真正体验到自己是家庭中重要的成员。在享受家庭这个港湾所带来的安全和温暖时,也要为家庭尽一份力,协助父母做一些家务,这样他们会为自己的行为感到自豪,责任感也会油然而生。

资料链接

小学生社会责任感教育,应由学校、家庭、社会合作完成

对于家庭来说,父母的教养方式、家庭氛围的好坏,直接影响着小学生责任意识的形成。父母要以身作则,率先垂范,在道德品质上、学识学风上为孩子树立好的榜样。

对于学校来说,除了完善和深化责任感教育的内容以及改进教育方式外,还要完善责任感教育的评价、监督、奖惩机制,营造从教学到教育、从管理到服务、从学生的学习到生活全方位的责任感教育氛围。

对社会来说,就是必须在教育和制度规范上营造良好的社会环境。

八、开办家长学校

家长学校不是一所普通的学校,它是沟通家庭和学校的桥梁,也是实现家

校共育无缝对接的有效方式。目前,全国各地各类学校为做好学生教育教学工作,普遍开办了家长学校。开办家长学校,是为了加强与家长的联系和沟通,是为了提升家长的文化素养和家庭教育水平,改革教育子女的方式方法,也是为了让家长适应新形势转变旧有的教育观念。总之,开办家长学校就是为了解决家庭教育中出现的种种问题。我们知道,对学生的教育不仅仅是学校自己的事情,也是家庭和社会的事情。当前,家长对家庭教育普遍较为重视,我国当前的家庭教育工作也取得了一定成绩,但总的来说,我国的家庭教育还存在着一些误区,部分家长对这个误区认识不够,这严重危害着家庭教育工作的开展。开办家长学校,其核心宗旨就是让家长走出家庭教育的误区,提升教育质量。此外,开办家长学校对学校教育也是一种反馈和监督,它能促使学校教育更好的发展。2011年1月全国妇联和教育部发布《全国妇联　教育部　中央文明办关于进一步加强家长学校工作的指导意见》,意见是为深入贯彻落实《中共中央　国务院关于进一步加强和改进未成年人思想道德建设的若干意见》和《国家中长期教育改革和发展规划纲要(2010—2020年)》精神,进一步加强对家长学校规范管理,保障家长学校工作有效开展而提出的。意见对开展家长学校工作的指导思想、主要任务、组织管理和相应保障措施等做出了明确规定,是指导我们办好家长学校的纲领性文件。此外,2015年教育部发布10号文《教育部关于加强家庭教育工作的指导意见》,文件指出"中小学幼儿园要建立健全家庭教育工作机制,统筹家长委员会、家长学校、家长会、家访、家长开放日、家长接待日等各种家校沟通渠道",文件要求要共同办好家长学校,"各地教育部门和中小学幼儿园要配合妇联、关工委等相关组织,在队伍、场所、教学计划、活动开展等方面给予协助,共同办好家长学校"。

1. 建章立制是办好家长学校的基础

没有规矩不成方圆。依法制定的规章制度可以保障家长学校合理合法运行,也保障了家长学校运行的有序化和规范化。出台合理合法的规章制度,可以防止家长学校在管理上出现任意性。建章立制,建立健全各项规章制度,是一项基础性的保障工作。

2. 队伍建设是办好家长学校的关键

人才是办好家长学校的关键,办好家长离不开人才,离不开一支优秀的队伍。这支队伍需要具备优秀的综合素养,包括要有一颗热爱教育的心,要具备一定教育科学文化知识,要有较高的思想品德和思想境界,要有一定的教育教学实际经验等。综合来看,家长学校中的人才队伍,应包含三个方面的人选。

一是学校里讲课能力强,富有亲和力,和家长沟通交流较好的师资队伍。这部分教师需要有着丰富的教育教学和管理的经验,对培训对象(学生家长)要有爱心、耐心、信心和恒心,要有强烈的社会责任感和使命感,要对"大教育系统"有着自己深刻的理解。二是家长学校的管理离不开家长的自治。因此要选择一部分综合能力和素质较高,沟通和协调能力较强,在家长中有一定威信的人进入到家长委员会,这部分家长具备较高的思想觉悟,综合能力较强,在家长学校里有着较高的威信。三是家长学校要聘请一部分家庭教育专家、心理专家,聘请一部分社区教育专家、老干部、老教师、老专家、老模范等,共同组成家长学校宣讲团,开展教育工作。家庭教育专家、心理专家走进家长学校,实现专家引领,进行个案跟踪式指导,可以从教育学和心理学层面解决小学生身上存在的一些问题,力促家长和小学生子女的共同进步。这样家长学校齐聚了学校、家庭和社会三个层面的优秀人才,有了这样的智力支持,家长学校不愁办不好。

3. 传授科学合理的教育教学内容是办好家长学校的保障。

2016 年 12 月 12 日,习近平同志在会见第一届全国文明家庭代表时的讲话指出:"家庭教育涉及很多方面,但最重要的是品德教育,是如何做人的教育。"家长学校是沟通家庭教育和学校教育的重要平台,家长学校开办的目的就是提高家长的文化素养水平、教育素养水平和思想道德水平。家长学校应秉承"为国教子,以德育人"的宗旨,突出社会主义核心价值观教育这一重点,引导广大家长明白重言传、重身教、身教重于言教的道理。此外,针对不同年级学生的特点和需要,有针对性地确定家长学校的教育内容,也是非常必要的。从这个意义上说,传授科学合理的教育教学内容,使得教育效果最大化地呈现出来,是办好家长学校的有力保障。具体来说,教育教学主要涉及几个方面的内容:

一是文化课教育学习方面:如何指导小学生子女开展有效学习;如何面对学习中的困难;引导子女适应教育改革新形势,创新学习方法,拓展学习内容;培养小学生子女养成良好的学习习惯;支持小学生子女探索科学,培养他们的科学探究精神;科学正确地对待小学生子女的学习成绩,并作出激励性评价;学会正确分析小学生子女的学习水平,并提出科学的指导建议;必要时对子女的优势学科实施超前教育,为子女的进一步深造打下坚实基础;作为父母如何以身作则,强化自我学习,提高自身的科学文化素质,如何教育子女补好知识的漏洞,多措并举把学科短板补齐,并转化为优势学科等。

二是思想品德方面:如何在家庭教育中培养小学生子女的爱国情怀、爱国意识,使他们具有一颗热爱祖国的心;如何在家庭教育中对小学生子女渗透爱党的教育,培养他们对党的朴素情感,让他们真心知党、爱党、跟党走;如何在家庭教育中培养小学生子女热爱人民的情感,让他们懂的人民是历史的创造者,只有深入生活,扎根人民,才能真正奉献祖国;在家庭教育中培养子女如何在现实生活中关爱他人,让他们懂的每个人都是平等的,人与人之间要互相尊重,深刻理解"人人为我,我为人人"的思想。在家庭教育中如何引导小学生子女热爱集体,关心集体,融入集体并奉献集体等。

三是法制教育方面:家长对小学生子女百依百顺,有求必应是否正确,当子女提出无理要求时,应当如何处理;对小学生子女过分溺爱的危害有哪些;家庭中有家长有违法乱纪现象是否会影响小学生子女;家长怎样引导小学生子女拿起法律的武器维护自己的权益;小学生子女缺少法制教育,有何危害性;家长在家庭中怎样为小学生子女创设良好的法制教育环境;家长应采取何种手段丰富家庭文化生活;法制教育与青春期教育的共同点是什么;家长如何怎样才能察觉小学生子女可能会有违法乱纪的苗头,并防患于未然;家长怎样运用生活中鲜活的案例对子女进行法制教育;家长怎样提高自己的法律意识等。

四是心理健康方面:如何培养小学生子女具有较强的受挫能力,强化他们的抗挫折能力;怎样培养小学生子女具有健全的人格;如何引导小学生子女学会正确地认识自我,了解自我和评价自我;当小学生子女遇到心理问题,如何化解,如何实现和父母的正确沟通;家长在教育小学生子女时,怎样实现"多赞美少批评";家长提出要求,遇到小学生子女说"不",家长应当如何应对;家长如何营造和睦融洽的家庭气氛;当小学生子女遇到棘手敏感的问题,家长如何正确对待和科学处理;小学生子女学习成绩下降,引发心理健康问题,作为家长有何应对措施;如何通过对比比较法对小学生子女进行心理健康教育等。

五是生命教育方面:如何引导小学生子女理解生命的形成过程;怎样引导小学生子女学会感知生命;怎样引导小学生子女学会尊重生命;怎样引导小学生子女学会珍惜生命;怎样引导小学生子女学会热爱生命;家长如何在家庭中营造重视生命教育的氛围;家长如何通过日常生活对小学生子女渗透生命教育;当小学生子女问及生命的话题,例如"人是否都会死,死亡对人意味着什么"时,家长如何用恰当的方式向他们解释;家长如何教育未成年子女享受生命成长的乐趣;家长如何教育未成年子女懂得尊重他人的生命等。

资料链接

我校开展家长学校活动

为了让更多的家长知道如何提高孩子的学习能力,使孩子健康成长,让家长通过走进学校、走近孩子、与老师交流沟通等活动,了解自己孩子在校情况、了解学习情况,6月8日下午,思贤实验小学开展四到六年级家长学校活动。

本次活动分三个阶段进行。为了让家长了解如何在孩子面临小学毕业、马上升入初中的关键时期的教育,六年级全体家长参加各班组织的家长会。会上,六年级班主任介绍班级综合情况和学习情况,任课老师也介绍本学科学生学习情况。

第二阶段,学校邀请教育局关工委讲师团张克裘校长来校,为四到六年级全体家长作了《健康第一,能力为重,为孩子的终身发展奠定基础》的专题讲座。张校长从学习能力、自理能力和个性交往能力三方面的培养,为家长作了很好的指导。

活动最后,全体家长进入孩子班级,与老师进行个别沟通交流,也具体了解了孩子的作业等情况。

通过本次家长学校活动,引导家长形成了正确的教育观,密切了家庭与学校的联系,也通过交流和沟通,使家校携手,共同营造文明安全氛围,确保孩子健康、快乐地成长。

（摘自苏州吴江思贤实验小学网站2017年6月12日）

第四节　优化家庭教育环境

良好的家庭教育环境,不仅有利于小学生的知识学习和能力培养,更重要的是形成健康心态,自主构建一个良好的思想道德体系,促进自身的全面发展,本书从民主氛围、亲情环境、学习思路等方面对优化家庭德育环境进行了探索。

一、优化民主的家庭亲情环境

小学生一般都比较敏感,十分抵触家长的专制和粗暴,极易产生逆反心理。现代教育理论提倡将家长和子女置于平等的地位,多与子女沟通和交流,尊重子女的兴趣选择和个性特征,为小学生的家庭教育营造一个积极、民主、平等的氛围。

1. 家长不要在子女面前互相攻击,而是相互尊重

在家庭生活中,父母有不同的意见是正常的事情,如何调和处理,这是一门艺术。但需要注意的是,家长切不可在子女面前大吵大闹,互相攻击。有人曾是说过这样一句话,"父母吵架对子女的伤害比离婚都可怕。"这句话并非危言耸听,父母无休止的吵架对子女的伤害超出了你我的想象。搜狐网教育专栏一项调查表明,在父母经常吵架的家庭里,子女检测出有心理问题的比率在36%左右,而离婚家庭的子女检测出有心理问题的比率约为28%。由此可见,吵架对子女的影响之大。特别是父母在争吵时说一些具有攻击性的语言,如"你就是一个废物,没一点本事"等,这更是严重错误的,需要家长避免的。这样的争吵和责骂,并不利于调和矛盾,不利于解决问题,反而还会给子女带来深深的恐惧和不安。如果父母经常在子女面前这样争吵,子女会有所体会,并学会模仿,其心理也承受较大的压力。所有家庭成员之间应当相互尊重,通过尊重营造民主和谐的家庭气氛,这是实现家庭和谐和睦的基础条件。相反,如果成人之间的沟通和交流出现了"暴力"和"专制",小学生子女也看在眼里,对他们百害而无一利。家长和小学生子女的沟通也应当具有互相尊重基础上的平等,这样做可以增强小学生子女的自信,给小学生子女发表见解、培养独立性的机会,有利于促进家庭和谐和稳定。

2. 家庭话题要尽量温馨,围绕温馨的家庭话题进行家庭民主对话

家庭生活离不开家庭话题,而家庭话题的创设也具有艺术性和技巧性。家长创设的话题应当是针对全体家庭成员的,全体成员都可以参与并发表意见。这是父母和子女之间实现亲情沟通和互动的最为自然和最为有效的方式之一。例如,家长可以就这个周末去哪里游玩,今天晚上吃什么菜等,引出话题,全体家庭成员都可以发表意见,谈谈自己的看法,家长特别要重视子女的看法,耐心倾听他们的所思所想,尽量不去打断他们的叙述,这样除了对这个话题本身能有个具体答案外,更为重要的是这样的话题讨论能够让子女感受到自己被重视被尊重,自己也是家庭中平等的不可或缺的一员。家庭话题的温馨不是刻意营造的,而是自然而然的,从一点一滴的真实生活片段中酝酿形成,因此从细微处营造温馨家庭氛围是重要的。

3. 定期召开家庭民主生活会

想要营造一个民主充满亲情的家庭氛围,除了在日常生活中注意一些细节之外,还要采取一定的方式,比如召开家庭民主生活会。家庭民主生活会并非

真正意义上的开会,而是为家庭成员之间互相交流与沟通提供的一个平台。这个平台侧重的是"民主"这个关键词,有了民主,家长和子女都能够畅所欲言,说一说自己的进步和存在的问题,并指出他人在一段时间内的优点和不足之处,这在一定意义上说也是"批评和自我批评"。为了子女的健康成长,创建和谐民主家庭气氛非常重要,而家庭民主生活会的召开是一个很好的形式,有助于为子女创造一个温馨、快乐的、从满亲情和温情学习和生活环境。当然,民主并不等于家长和孩子绝对地平起平坐。权利与责任是成正比的,家长在家庭中担负着整个家庭建设的重任,因此就有权利在重要的、原则性的问题上拍板决策。

二、创设学习型家庭文化环境

学习是小学生的主要任务,家长应着力创设一个良好的家庭文化环境。首先,家长应为子女提供一个干净、整洁的生活空间,条件允许的话,为子女留出独立的房间,让子女自己打扫整理,养成良好的生活习惯。其次,营造洁净的文化氛围,如为子女购买符合其心理发展特性的课外读物,与子女一起收看新闻节目,引导子女的政治思想,合理控制子女的上网时间和浏览内容,如北京的通信业曾举行"宽带绿色账号"活动,家长可从浏览内容、上网时间、访问端口三个方面监督孩子上网。现代教育提倡终身学习,家长应注重拓宽知识面,与子女共同进步,构建学习型家庭模式。最后,家庭是社会的基本单位,要融于社会之中,家长应带领孩子去图书馆、博物馆、美术馆等场所,可有效地拓展小学生知识面、进行爱国主义教育和培养个人审美等。

综上所述,创建学习型家庭文化环境需要做好如下工作。

1. 明确家庭学习理念

理念具有重要的指导作用,是人类认识事物最高阶段的真理性存在和观念,学习理念是全部理念的具体分支,是在学习者头脑中坚定持有的精神性存在,既是学习的"世界观"也是学习的"方法论"。家庭成员的学习是终身学习,即在家庭中每个成员的学习是为适应社会发展和实现个体发展的需要的学习,也应当是贯穿于一个人一生的学习,可见终身学习是一个持续的动态的学习过程,而不是一个所谓的静态结果,这个理念家长和子女都要明确起来。家长学习是为了自身的发展,所谓活到老学到老,只要学,就不会晚,家长要时时处处学习,当然家长的学习也是为了培养子女,为培养子女,自己必须在家庭教育理论上充充电。目前，很多家庭中的家庭教育理念相对滞后，教育方法落后，这些对他们提高自身家庭教育能力形成了严重制约。因而，家长要不断学习和实践，主动挑战自己，适应新形势，自觉接受与时俱进的科学的家庭教育理念，对科学的教育方法要精准掌握好，做到教育方法不能出现偏差，方向性强，只有这样才能不断提高自己的家庭教育水平和能力，才能为子女的受教育创造良好的家庭教育环境。子女在家庭中也要明确正确的学习理念，子女在家庭环境中进行的学习不是单项性的文化课程的学习，而是综合性的学习，包括思想道德、法制、文化、心理等多向性的全范围的学习，这种学习是为了自身发展的需要，终身发展的需要，而不仅仅是为了应付阶段性应试教育中的考试而学习。因此，学习型家庭各成员为什么要学习，学习什么，怎样学习，这些问题要厘清，从根本上说是自主的主动的学习动机要明确起来。

2. 以民主、平等，互相尊重的人际关系为基础

人际关系是在人际交往当中产生和发展的，具有行为、认知和情感三重组成因素，其体现出来的是人与人交往过程中心理关系程度，如是否亲密，是否融洽，相互关系是否可协调等。具体来说，安全型家庭是家长对子女的理解和反应回应较为积极的家庭，家长和子女在家庭中都是积极的，性格开朗，适应能力较强，非常容易亲密和谐相处，在社交活动中往往受到别人的欢迎。回避型家庭中的人际关系较为冷淡，家长对子女的物质和情感需求表现得较为冷淡，不能够和子女亲热互动和谐相处，这种家庭中的家庭成员性格往往冷漠孤僻，对他人漠不关心，生活在自己的世界中不能自拔。矛盾型家庭中的人际关系处于矛盾的状态，家长在和子女相处的过程中，言行不一，忽冷不热，有时对子女体贴关爱，有时又视若无睹袖手旁观，这导致家庭人际关系处于多变的状态，甚至有些莫名其妙，成员之间的深层次交流无法实现，家庭和谐友好成为空谈。还有一种混乱型家庭，在混乱型家庭中，家长对子女不够尊重，对他们常常斥责和苛求，家长遇事容易冲动，在冲动中表现出激烈的情绪，对子女的伤害较深。子女在这种家庭中成为"沉默的羔羊"，自信心缺失，性格自卑，不合群，排斥人际交往。以上四种家庭类型的人际关系差异较大，只有在安全型家庭中人际关系才能表现出民主、平等和相互尊重。因此，要成为学习型家庭，首先要成为安全型家庭，学习型家庭的创建过程离不开人际关系的和谐，如果没有和谐的家庭人际关系，学习型家庭所具备的学习氛围便不存在，学习型家庭也就失去了存在的根基和意义。家庭人际关系的和谐，离不开民主、平等以及成员之间的互相尊重。民主和平等体现的是家长与子女在认识、情感、行为上的协调一致性，互相尊重体现的是家庭温馨稳定和有安全感的氛围，这种氛围是学习型家庭创建的最为重要的氛围内容之一。

3. 家庭成员之间能良好地沟通

沟通是人与人之间思想和感情互动的过程。在家庭中由于存在着两代人甚至三代人四代人，由于认知、情感等因素的差异，家庭成员在交流的过程中遇到问题是正常的，这也就是所谓的代沟。代沟是天然存在的，也是可以用来跨越的，跨越代沟的支撑就是在家庭中建立起畅通无阻地沟通渠道来，用沟通解决交流中遇到的问题，并在沟通中进一步密切家庭成员之间的关系，让沟通成为实现家庭民主、平等、和谐关系的黏合剂，成为化解矛盾的调和剂。在家庭生活中，成员之间沟通的渠道有多种，其中学习与分享是一种重要的渠道，这个渠道有助于解决学习过程中产生的学习问题，生活过程中产生的生活问题。总的来说，实现家庭成员之间的良好沟通，有下述几点需要格外注意。

一是沟通时，先给予对方（子女）更多的赞美。家长在和子女相处的过程中，难免有些矛盾，尤其是子女做错事情的时候，家长要进行批评或者对子女提出一些建议。批评或提建议是沟通的一种方式，但这里面也有一些技巧需要注意。沟通心理学认为，"欲抑先扬"更有利于人们接受批评或者建议。因此，家长要注意说话技巧，通过"欲抑先扬"，对子女取得的进步提出赞美和激励，让子女更容易去接受批评或者建议，这样才能起到沟通应有的效果。

二是家庭生活中也需要建立良好的沟通机制。有人认为家庭生活中的沟通有别于社会生活中的沟通，应当随意一些，不需要专门建立沟通机制。这种看法并不正确，家庭生活和社会生活一样，也需要内部沟通机制的存在，这种存在保障了实时沟通、定期沟通和专项沟通的最优化运行。实时沟通要随意一些，发生在日常家庭生活中，是家庭和谐的"黏合剂"和"稳定阀"。定期沟通能解决子女遇到的棘手问题，能对这样的问题有个较为深刻的解决。

三是家长先做有耐心的听众。在家庭中父母和子女的地位是平等的，话语权也应当是平等的，把家长放在第一位或者把子女放在第一位都是错误的。很多家长在家庭生活中教育子女，往往会先入为主，不等了解事实的真相，不等子女做出解释，就急于发表自己的意见，甚至是开始批评子女，这样无助于问题的解决。家长应当耐心倾听子女的说法，对事情的全过程有个全盘掌握，才可以敞开心扉，谈谈自己的看法。耐心倾听子女的说法，也是保护子女自尊心的一种表现。当然，如果子女不愿意谈，保持沉默，家长也要引导子女发出自己的声音，自己先耐心倾听完，再发表自己的看法。

四是沟通需要一个平和的心态。平和是一种积极的健全的生活态度，也是一种生活境界，更蕴含着强大的力量。家长和子女在沟通的过程中，双方都需要有平和的心态，都需要以平和的心态对待家庭生活中的一切。当家长遇到棘手的事情，引发脾气大的时候，想一想"平和"二字，让自己先冷静下来，调整呼吸，分散自己的注意力，尽量让自己从烦恼中解脱出来。

五是沟通要在爱的基础上进行。在家庭生活中爱是基础，沟通要在爱的基础上进行，而且沟通本身也是一种爱的表现。作为家长，要分清楚人和人做出的行为是两回事，是两个不同的概念。所谓"对事不对人"，决不能因为一件事情子女没有处理好，就认为到子女不好。这里面的逻辑关系家长一定要弄清楚。否则就有了子女表现好，家长才去爱的错误观点。因为爱，所以愿意去沟通，因为沟通，所以家庭关系更加亲密了，这才是正确的观点。

4. 注重创新精神

学习的过程是一个吸收的过程，也是一个创新的过程。创新是人类特有的认识能力和实践能力，创新不仅能推动社会进步，也能推动家庭进步，尤其是学习型家庭更需要创新。学习型家庭不是一成不变的，要随着时代的发展而发展，如何才能跟随时代呢，那就是在学习中创新，在创新中学习。可见，学习型家庭更应当重视创新精神，创新才使得家庭学习具有了可持续性。从本质上说，所谓学习，不是为了学习而学习，而是为了创新而学习。例如，家长在学习家庭教育理论的基础上，如果能够联系子女的实际情况，制订针对性强的家庭教育方案，做到不唯书不唯上只唯实，就是学习创新的生动体现。例如，当前流行的"家庭创客行动"就是学习型家庭注重创新精神的一种表现，创客行动不但是家庭生活、学习、休闲的一种方式，也是受教育的一种方式。学习型家庭可以让家庭成为创客可持续成长的摇篮，可以让创客文化融入家庭教育中，成为家庭教育的一种新途径。

5. 增加家庭投入

增加家庭投入是创建学习型家庭的必要物质保障。随着我国经济发展和人民生活水平的提高，家庭对教育需求正处于增长期。但学习型家庭要投入更多，来改善学习型家庭环境。增加家庭投入，涉及两个方面，一个是物质投入，另一个是时间投入。物质投入是指学习型家庭要购买必要的学习硬件材料，比如大量的书籍、学习光盘以及学习用具等,这是进行家庭学习的基础性物质保障。时间投入也很重要,学习型家庭之所以区别于非学习型家庭,就在于家庭学习氛围浓厚,而这个学习氛围要得到时间上的保障。试想一下,如果家庭学习投入的时间少,学习效果是无法得到保障的,学习氛围也是无法进行营造的。

三、建设和谐型家庭教育环境

俗话说,家和万事兴,意思是说家庭和谐,万事才能兴旺。建设和谐型家庭教育环境需要处理好以下几个方面的关系。

1. 全体家庭成员之间的关系要和谐

要做到这一点,最根本的在于责任共担。尤其是作为家庭主心骨的家长,责任意识一定要强烈,要愿意付出,用爱付出。在家庭生活中,责任并不是只体现在大的方面,责任也一点一点体现在自己对待父母,对待子女,对待左邻右舍,对待社会等方面。具体来说,家庭成员之间要和谐相处需要注意下述几点。

一是全体家庭成员要明白"家庭"二字的深刻含义。尤其是家庭中的小学生子女对"家庭"二字要有清醒的认识。从社会层面看,家庭是一个单元或者单位,在这个单位里每一名成员都应当是平等的。从家庭层面说,家庭是一个小的集体,每一名家庭成员都要用和睦友爱来善待这个集体。深刻理解了平等、友爱、和睦,家庭成员之间的向心力才会增大,离心力才会较小,家庭中的不稳定因素才会消退,家庭成员之间的彼此关爱才会持续,家庭和谐幸福才有存在的根基。

二是正确认识和处理家庭矛盾。对待矛盾,各家庭成员都要有一个正确的认识,即矛盾的存在是必然的,是社会矛盾在家庭中的反映。有了矛盾,不可怕,要积极面对矛盾,弄明白矛盾产生的主要原因,并互相倾听矛盾双方的理由和看法,试着理解对方,也让对方理解自己的想法,就事论事,拿出双方都认可的相对"折中"的方案,才是积极解决矛盾的正确方式,绝不能回避矛盾,绕着问题走。

三是在陪伴中交流感情。俗话说,陪伴是最好的教育。同样,陪伴也是家庭和谐的催化剂。家长要尽量抽出时间陪伴子女,多多沟通和交流,与子女一起分享成功的喜悦,一起排忧解难。家长要用爱陪伴,在陪伴中注意倾听子女的心声,让子女感受到家长带来的温暖,带来的关爱。子女感受到这一切后,就会铭记在心,给家长以爱和温暖,使陪伴成为最温馨最长情的关怀。

四是尊老爱幼一种习惯。尊老爱幼是中华民族的传统美德,也是家庭美德的重要内容。全体家庭成员,不论家长还是子女,都要尊老爱幼,这是做人的基本素质和原则。家长对自己的父母要体贴和安慰,积极创造良好的条件,让他们安度晚年。家长对自己的子女要关心和爱护,力所能及让子女健康快乐地成长。家长对子女要进行正面引导,让子女对自己的父母,对家庭里其他的长辈要学会尊重和孝敬,让他们懂得感恩。

2. 夫妻关系要和谐

夫妻关系要和谐,首先要互相尊重,要互敬互爱,互相理解。其次,夫妻在家庭中要平等相处,双方的地位是平等的,如果地位不平等,男尊女卑,或者妻子强势,丈夫懦弱,这都是不可取的,如此创建和谐家庭就是一句空话。最后夫妻要相互信任,信任是基石,如果互相不信任,因为一点小事就起怀疑,横加指责,只能适得其反。

一是彼此信任对方。夫妻是家庭的支柱,夫妻二人在一起生活的基础是相互信任,信任是维持夫妻关系的纽带。如果彼此不信任,则会引发家庭矛盾,导致争吵和怨恨,给子女留下阴影和伤害。可见,婚姻中的信任,是婚姻中和谐、幸福的重要基础。

二是彼此宽容对方。家庭生活中,夫妻双方会面临着各式各样的问题,要解决这些问题,离不开彼此宽容,彼此谦让与容忍,这是实现夫妻关系和谐的根本。彼此宽容,可以让夫妻之间的距离进一步走近,而不至于反方向走远。实现对对方的宽容,需要调整自己的心态,让自己的心态更加开放,更好地容纳对方的一切。

三是及时给予对方赞美和欣赏。夫妻双方都倾向于肯定自己,也希望自己被对方所肯定,被对方肯定是幸福的,被对方责备则是难过的。在家庭生活中,夫妻应当多看到彼此的优点,多关注对方为自己的付出,多对对方进行赞美和欣赏,赞美和欣赏传递的是维护家庭和谐的正能量。

四是互相陪伴。夫妻在工作生活中遇到一些磕磕碰碰总难免,遇到困难和挫折也是正常的。当遇到这些问题时,夫妻首先要给予对方足够的理解,在理解中支持对方,用多陪伴多互动交流的方式支持对方,让对方有信心有力量克服所遇到的问题。

3. 弘扬仁爱精神是创建和谐家庭的强大动力

世界上心的距离是最远的,也是最近的。只有心与心的沟通和交融,才是和谐的最高境界。爱有利于拉近人际间的距离,消解人际间的冷漠,融化人际间的隔阂。有爱才有充实人生,有爱才有精彩人生,才能提升心灵,美化心境,使人爆发出无限向上的追求和空前的创造力。在中国,仁爱的精神是和谐文化理念的重要命题与核心精神,是传统道德的基本精神,这种精神是建立在对人在世界中地位的充分肯定和责任自觉基础之上的。家庭是以血缘和姻缘为纽带。创建和谐家庭,应充分发挥血缘和姻缘的特殊功能,注重人伦亲情传统文化的教育与熏陶。

第五节　增强家庭与学校、社会的沟通与协作

我国政府高度重视家校合作的教育问题,并颁发了各项政策、决议。1999年6月发布的《关于深化教育改革,全面推进素质教育的决定》指出,全力推进素质教育是涉及社会全方位的系统工程。2004年国家在《关于进一步加强和改进未成年人思想道德建设的若干意见》中专门强调了对未成年人思想道德建设具有重要作用的是家庭教育,"要把家庭教育与社会教育、学校教育紧密结合起来"。2021年颁布《中华人民共和国家庭教育促进法》,鼓励社会力量在家庭教育中充分发挥作用。

一、加强家庭与学校的沟通与协作

具体来说,加强家庭与学校的沟通与协作,要做好下述几点:

一是学校要创造必要的条件让家长进学校。家长对小学生子女的了解,更多是在家庭生活中的了解,对他们在学校生活中的表现如何,缺乏基本的了解。因而,学校有责任有义务创造必要的条件,在不影响教育教学的情况下,让家长走进学校,走进子女的学校生活。例如,在学校举行开学典礼、毕业典礼的时候,邀请家长参加,学校举行的文艺体育比赛活动,家长能参与的尽量参与,让家长和子女一起体验学校生活,分享子女在学校成功的喜悦,收获失败积累的经验。有些学校方专门设立了家长开放日,这是家校沟通的一种很好的形式,在开放日,家长可以推门听课,看看小学生子女在课堂上的表现,也可以走进办公室与班主任和任课教师座谈,综合了解子女在学校的表现情况。家长也可以根据所见所闻,把自己的意见和建议反馈给学校,供学校参考,如果有较大的价值,学校可以采纳,这样家校共育为学生营造了良好的教育环境,最终可以结出累累硕果。例如,江苏宿迁钟吾国际学校在家长开放日就安排了家长听课、评课、家

长论坛、班级家长会、参观校本课程等活动,让家长对子女在学校的表现能有一个全面的了解。目前,在全国各地的中小学,家长开放日已经呈现星火燎原之势,很多学校对家长活动日,高度重视,精心计划和安排,取得了实实在在的成效。当然,让家长进学校,除了举办家长开放日之外,还有其他的形式,例如班主任邀请家长谈话、学校设置家长值班制度、开设家长接待日等。但不论哪种形式,学校要创造必要的条件让家长进学校,这一核心主旨不能变,这既是学校管理者也是家长进行家校共育的必然选择。

资料链接

开门办学促发展　家校互动共提高
——郑州中学初中部邀请学生家长进校听课

　　为了进一步增强学校、教师和家长之间的沟通和联系,让家长更真实地感受学生在校的学习与生活,从 2015 年 4 月中旬起,只要经过身份确认和预约,郑州中学初中部的学生家长可以带上听课证进任意一间教室听课,在任何一间办公室监督检查教师和工作人员的工作。截至目前,已有 50 多名家长推门听课,受到学生家长的一致好评。

（摘自郑州中学官网 2015-5-11 有删改）

　　二是班主任教师要重视家访这一对家庭教育进行有效指导的方式。部分人认为随着信息技术的发展,家校沟通的方式发生了转变,传统的家访已不适应教育改革的发展,应当被摈弃。这种说法并不正确,家访依然是连接学校和家庭的桥梁和纽带,依然是家校共育最为有效的方式之一,是其他家校沟通形式所不能取代的。学校和班主任教师要根据学生的实际情况制定目的性强的家访制度,走进家庭,对学生进行全面了解,然后与家长一起分析学生的实际情况,对症下药,制订相应的教育方案,开展有针对性的教育。家访的优势在于它是一种点对点面对面的沟通方式,能密切家校之间的联系,有利于家校之间建立一种相互信任相互支持的互动关系,而且家访的过程也是家长受教育的过程,在家访活动中,班主任教师可以就如何进行家庭教育,对家长进行指导,满足了家长的受教育需求。此外,班主任教师也可以通过向家长介绍、宣传学校教育改革的成果,有利于扩大学校知名度,不断扩大学校办学良好的社会影响。

资料链接

某校某班级班主任家访记录表

教师姓名	黄××	学生姓名	吴××	班级	八·2
家长姓名	吴××	家访时间	2016-10-10		
家访原因	学习成绩不理想				
家访形式	面谈				
家访过程记录	家访内容: 1. 向家长说明学生的学习情况 2. 了解学生的家庭状况 3. 向家长说明学生存在的问题 4. 和家长探讨如何教育孩子 家长的建议 1. 老师严格要求学生 2. 多和家长及时沟通 给家长的建议 1. 及时检查学生的作业 2. 少让学生看电视、玩电脑、玩手机				

三是班主任教师要与家长建立便捷沟通渠道。在信息时代,交流变得更加便捷,因此信息化的家校交流渠道不可或缺。除了手机、固定电话这一渠道之外,校讯通平台更为便捷和有效,学校和家长之间要开通家校校讯通平台,并把它作为家校交流的一个主导性平台。该平台既可以为家长和班主任教师节省了电话通话产生的大量费用,又可以为双方节约大量的时间,从而使得班主任教师和家长的沟通实现了无障碍沟通,沟通因此变得更加的便捷有效。此外,班主任教师也可以通过时兴的 QQ 群和微信群与家长互动交流,QQ 群和微信群的优点更为突出。第一,随时随地沟通,更加的灵活,不受时空的限制。班主任教师可以随时在微信群、QQ 群发布班级动态情况,只要有网络,家长就可以及时阅读到,避免了传统沟通手段的缺陷(比如家访缺乏时效性),起到了"小平台,大作用"。第二,内容和手段呈现出多样化,更易于家长接受。电话沟通只能通过语音的形式呈现,而 QQ 群和微信群则使得呈现内容多元化,既可以有声音,也可以有文字,还可以有视频,此外,班主任教师在群里可以发一些以"如何做好家庭教育"为主题的链接(包括网络链接和公众号链接),让家长参与分享,通过学习,提高自己教育子女的能力。第三,QQ 群和微信群真正实现

了群策群力,子女存在的问题有很多共性的表现,家长通过在群里交流,可以集思广益,在交流中形成一些共识,以及解决问题的方法。

二、加强家庭与社会的沟通与协作

家庭和社会从一形成就存在着天然的密切关系。随着社会生产力的不断发展,家庭和社会在"共性维护"的基础上,出现了一些分化,这是历史发展的必然性结果。但两者之间的天然联系并没有实质性的改变,在本质意义上,作为社会基本构成单位(单元)的家庭,对整个社会起着稳定性作用,是社会的"稳定阀门",而社会作为因家庭而生成的强制性和制度化存在,成了规范家庭的秩序形式,要求家庭去遵守其制定的法律和各种规章制度。总体来看,家庭和社会之间存在着对立,但更多是同向一致性的互补关系。

家庭教育与社会教育的关系也是如此,家庭教育的题材、内容和意义很大程度上都要依靠社会教育和对社会资源的挖掘来实现。在家庭教育存在之前,社会教育就已经开始履行教育职能,当前社会教育蓬勃发展,在整个教育链条是不可或缺的一环,社会化程度的不断加深,使得社会教育的作用和意义日益凸显出来,具有了不可替代性。社会教育的内容更广阔,它是直面社会的,范围最大,影响最广;社会教育直面小学生,对学校教育和家庭教育具有一定的弥补作用,其政治和道德的教化功能强大;社会教育的优点还在于形式的灵活多样,教育的民主性得到了充分体现和彰显。综上所述,社会教育涉及范围比较广,主要从政策引导、文化监管、保障机制等具有广泛适应性的方面进行调控。

1.政策引导方面,要做出正确引导

加大宣传力度,体现道德教育的重要性。应发挥电视、网络、广播等媒介的正面宣传优势,让人们意识到道德教育的重要性和必要性,大力宣传道德模范事迹,树立道德模范人物,发挥德育的榜样示范作用。例如,电视台要开辟道德教育栏目,对典型道德模范进行积极宣传,在主流网站上开辟宣传正能量的模范事迹介绍,让读者能够看到,领悟到,并且能够点评。山东省曲阜市有一个蓼河公园,在公园里专门建立了一个以曲阜市先模人物为重点介绍设立了四德公园,从"仁义礼诚敬孝"6个方面,对道德模范的事迹予以展示,参观者超过了五十万人,其中小学生儿童二十四万人,收到了良好的社会效果。山东新泰市在清音公园内设置了一处"四德主题公园",20名先模人物的事迹展板竖立在公园里,吸引众多包括小学生在内的市民驻足观看,"四德公园"为先模人物

点赞,为正能量喝彩,引导全市市民积极弘扬社会主义核心价值观,使之内化于心,外化于行,成为新泰地方政府打造的"道德高地"。政策引导除了发挥政府的职能作用外,妇联组织、民族团体、慈善组织以及社区组织等也应发挥必要的辅助作用。例如,社区是社会的微型缩影,家庭是社会的基本构成,部分地区以社区宣传和教育为突破口,来实现对小学生教育的新型渗透,思路新颖,针对性强,取得了较好的效果,值得学习和借鉴。北京市朝阳区实施的"三个一"工程就是社会宣传和教育模式的典型代表。"三个一"具体是指:"一街——心",也就是在每一个街道办事处建立一处指导家庭教育的家庭教育中心,中心由区妇联和区家庭教育研究会安排的专家成员组成;"一区——部",也就是在朝阳辖区范围内的每一个社区都建立一个家庭和谐俱乐部,俱乐部对社区内的家庭进行家庭教育服务指导;"百户——问",也就是每百个家庭单位拥有一个家庭教育顾问,这样由面到线再到点,实现社区教育对家庭教育的无缝对接。

2. 要推动教育公平

教育公平是一个历史概念,也是人类的正义追求,教育公平表现在三个均等上,一是全体公民受教育的权利和义务均等,二是全体公民受教育的条件、机会均等,三是全体公民实现教育成功的机会和教育的成效均等。2016年9月9日,习近平总书记在看望北京八一学校师生时指出,"教育公平是社会公平的重要基础,要不断促进教育发展成果更多更公平惠及全体人民,以教育公平促进社会公平正义。"当前,我国处于社会改革深水区,教育不公平问题成为一个重要的社会问题,成为党和政府以及广大人民群众聚焦的一个焦点。教育公平关系到每个人的切身利益,也关系着经济和社会发展,应当得到彻底的解决。影响教育公平的因素有很多,比如城乡教育资源不均衡、对困难群体的教育保障力度不够等。教育部在2010年11月1日发布了《教育部关于治理义务教育阶段择校乱收费问题的指导意见》,提出"大力推进义务教育均衡发展,改造薄弱学校,缩小校际办学条件及教育质量差距","各地要力争经过3~5年的努力,使义务教育阶段择校乱收费不再成为群众反映强烈的问题"。我们必须以政策为导向,将工作做到实处,遵守《义务教育法》,推动教育公平。教育公平的实现需要教育资源的公平合理有效的配置,这里的教育资源包括教学师资、教育硬件等,这些资源要向农村学校、偏远学校提供更好的保障。实现教育公平要坚持教育机会平等优先原则,要保障流动人口子女、留守儿童、困难家庭子女的平等受教育权。

资料链接

促进教育公平,地方在努力

1. 菏泽推动教育资源"优质均衡"发展:让孩子享有公平有质量的教育(详见《菏泽日报》,2018年9月10日)

2. 陕西将促进教育公平　办好人民满意的教育(详见西部网,2018年2月16)

3. 河北省多措并举大力推进教育公平(详见东方网——社会栏目,2018年2月27日)

4. 2017年常州市推进教育优质公平——实施学校建设项目81个(详见常州市人民政府网,2018年1月5日)

5. 教育的公平——济南市市中区集团化办学纪实(详见搜狐网教育频道2018年5月28日)

6. 咸阳市教育局落实"七个严格"促进教育公平(详见陕西省教育厅网站,2015年3月26日)

3. 强化文化监管

国家执法部门要加强对影视、出版、网络等媒介的监管力度,为思想道德建设和小学生的健康成长创造良好的文化环境。各地区要积极履行职责,对小学生活动集中的场所的周边,如各级各类学校、少年宫、小学生之家等的周边进行专项清理整治,对周围的网吧、游戏厅等加大整治力度,依法依规取缔违法经营者;要在这些场所的周围积极开展针对小学生的道德宣传教育,通过张贴展板、悬挂横幅、发放明白纸、举办主题讲座等方式,潜移默化地对小学生进行道德宣传教育,为小学生的健康成长保驾护航。加强小学生活动比较集中区域的环境整治,例如,检查学校周边的书店、电子产品专卖店等有无非法期刊,是否出售有损小学生健康成长的电子音像制品等,学校周边商家的广告是否含有低级趣味的内容,是否有悖于社会主义思想道德建设,此外还要检查学校周边的网吧是否距离校园超过200米,是否有允许小学生上网的现象等,以确保做好学校及周边环境的安全、有序、稳定。

资料链接

大山坪工商所开展校园周边环境专项整治

五一前夕,为进一步净化校园周边治安和消费环境,切实保护学生的合法权益和身心健康,大山坪工商所于 4 月 25 日,组织执法人员对辖区内校园周边食杂店、文具店以及餐饮、文化娱乐等场所进行了专项整治。

此次整治共出动人员 22 人次,车辆 6 台次,检查了江阳西路小学、十五小、外国语学校、泸州市二中、六中及城乡接合部各大、中、小学校周边食杂店、文具店、小超市、网吧等共计 180 多家,重点检查了食品是否超出保质期,有无相关标识;索证索票、进货台账是否建全;有无营业执照,督促亮照经营;周边文具店内是否销售不合格文具和影响学生身心健康的非法出版物,周边网吧是否容留未成年学生上网等。通过检查,共查出非法出版口袋书 36 本、玩具卡片人民币200 余张;查处并取缔黑网吧一个;责令 6 户食品店限期规范索证索票"一票通"和监管台账。

(摘自泸州江阳区人民政府网站 2011 年 5 月 7 日)

4. 加强制度保障

目前家庭教育面临"单打独斗"的局面,与社会教育和学校教育等严重脱节,要用制度来强化三者之间的联系,靠制度来理清三者的职责,因而制度保障是促进学校与家庭、社区良性互动的催化剂。从国外教育经验来看,美国在 20世纪 80 年代公布了若干涉及教育改革的法案,主要包括《全国教育目标》《美国教育战略》以及《美国教育法》,在法案中强调了家庭教育、社会教育和学校教育的重要作用,确立了用法律的形式,靠制度的保障来实现家庭教育的发展。我国的《教育法》第五十二条也有类似的规定,规定指出,"学校及其他教育机构应当同基层群众性组织、企业事业组织、社会团体相互配合,加强对未成年人的校外教育工作。"规定具有一定的积极意义,起着一定的指导性作用,但这个规定对各部门的权责划分还不够明确,与之相配套的法律法规一直"难产",无法从具体层面上保障家庭教育发展,这就使得规定落实起来大打折扣。当前我国的经济结构和社会结构都发生了重大变化,这也导致家庭教育在国际化背景、市场化背景和信息化背景条件下出现了一些新变化,家庭教育结构呈现多元化姿态,其中涉及了留守儿童、流动儿童等弱势群体,而家庭教育发展过程中,专门性立法的保障还没有建立起来,处于真空状态。"新家庭教育"理念要求家庭教育要靠制度性保障来实现,这已是不争的事实。因此,呼吁国家完善弱势群体家庭的保障机制,关注留守儿童的心理成长,保障流动儿童的入学问题,加快专门性法律的制定,保障小学生的权利和健康成长。

我国家庭和家庭教育的新变化

家庭的变化:

1. 家庭经济:贫乏 $\Longrightarrow$ 富足(随着社会经济的发展,经济状况向好改变)

2. 家庭结构:复杂 $\Longrightarrow$ 简单(受社会发展和经济发展影响)

3. 家庭模式:单一 $\Longrightarrow$ 多元(社会结构变革在家庭层面的深刻反映)

4. 家庭中婚姻关系:强稳定性 $\Longrightarrow$ 弱稳定性(婚姻价值观改变)

5. 家庭本质关系:夫子核心 $\Longrightarrow$ 父亲核心(家庭的本质出现了新的组合)

6. 家庭成员关系:不平等 $\Longrightarrow$ 平等(反映了社会文明和进步)

7. 家庭功能:部分弱化 $\Longrightarrow$ 部分强化(例如,生育功能弱化,教育功能强化)

8. 家庭与社会关系:封闭 $\Longrightarrow$ 开放(社会的开放导致家庭与社会关系的开放)

家庭教育的变化

1. 家庭教育地位:由不重视 $\Longrightarrow$ 重视

2. 家庭教育方式:专制 $\Longrightarrow$ 文明

3. 家庭教育模式:封闭 $\Longrightarrow$ 开放

4. 家庭教育理念:传统 $\Longrightarrow$ 现代

参考文献

[1] 赵忠心. 家庭教育学 [M]. 北京:人民教育出版社,2000.

[2] 洛克. 教育漫话 [M]. 徐大建,译. 北京:人民教育出版社,2006.

[3] 黄向阳. 德育原理 [M]. 上海:华东师范大学出版社,2000.

[4] 彭克宏,马国泉,陈有进,等. 社会科学大词典 [M]. 北京:中国国际广播出版社,1989:209.

[5] 宋建修. 道德教育体系的缺失与社会教育 [J]. 山东文学(下半月),2006(12):23-25.

[6] 刘琼. 小学生心理健康教育中存在的问题及对策 [J]. 山西青年管理干部学院学报,2004(2):62-64.

[7] 梁爽. 陕西首份执行案件《家庭教育指导令》发出 [N]. 西部法制报,2023-06-15(01).

[8] 付宇. 牡丹江高中择校收费标准公布,从4 000元到2.1万元不等 [N]. 牡丹江晨报,2009-07-21(3).

[9] 王桂丽. 山东规范教育收费标准,公办高中择校费限高1.8万 [N]. 大众日报,2009-11-18(4).

[10] 冯雅可. 成都公示中小学收费标准,缴择校费后不再缴学费 [N]. 天府早报(成都),2010-2-21(2).

[11] 诸葛亮. 诸葛亮集·诫子书 [M]. 北京:中华书局,1960.

[12] 崔华芳,李云. 父母大学——一部为中国广大父母量身定做的亲子教育进阶培训读本 [M]. 北京:中国纺织出版社,2007.

[13] 刚罡. 家庭学校社会共促"依法带娃"[N]. 团结报,2021-11-27(04).

[14] 许沁. 家庭教育期望别用"高不高"衡量 [N]. 解放日报,2019-11-19(06).

[15] 李斌. 调查显示家庭背景影响大学生入学就业机会 [N]. 中国青年报(北京),2010-06-27(3).

[16] 周松. 重庆法院发出首张责令接受家庭教育指导令 [N]. 重庆日报,2021-12-09(07).

[17] 卡尔·雅斯贝尔斯. 什么是教育 [M]. 邹进,译. 北京:生活·读书·新

知三联书店出版社，1991.

[18] 陈磊．谈当代家庭教育的误区[J]．才智，2017（15）：108

[19] 苏婷．全国农村留守儿童研究报告[EB/OL]．http://www. women. org. cn/2008-03-05.

[20] 王春霞．推动家庭教育指导做深做实[N]．中国妇女报，2023-05-25（01）.

[21] 余建华．浙江联合出台意见推进家庭教育指导工作[N]．人民法院报，2023-06-12（01）.

[22] 赫尔巴特．普通教育学[M]．徐小洲，译．北京：人民教育出版社，1989.

[23] 徐惟诚．树立三个观念搞好家庭教育[M]．河南：人民出版社，2014.

[24] 徐惟诚．传统道德的现代价值[M]．河南：人民出版社，2003.

[25] 苏霍姆林斯基．给教师的建议（下）[M]．杜殿坤，译．北京：教育科学出版社，1981.

[26] 张国．中国小学生犯罪率连续三年递减[N]．中国青年报，2010-11-04（1）.

[27] 段成荣，周福林．我国留守儿童状况研究[J]．人口研究，2005，（1）：29-36.

[28] 李丹．儿童发展心理学[M]．上海：华东师范大学出版社，1994.

[29] 缪建东．家庭教育社会学[M]．南京：南京师范大学出版社，1999.

[30] 黄向阳．德育原理[M]．上海：华东师范大学出版社，2000.

[31] 吕益民，任杏荣．新时期青少年思想道德教育中的几个关系[J]．浙江社会科学学报，1995（02）：106-109.

[32] 刘冬春．论家庭教育与小学生思想道德形成[J]．郑州铁路职业技术学院学报，2005（12）：16-17.

[33] 张文新．小学生发展心理学[M]．济南：山东人民出版社，2003.

[34] 叶立群．家庭教育学[M]．福州：福建教育出版社，2003.

[35] 孟育群．亲子关系与家庭德育研究[M]．北京：教育科学出版社，2004.

[36] 杨志华．文化价值观视野中的中美家庭教育比较研究[D]．上海：华东师范大学硕士学位论文，2007.

[37] 刘波．走出误区——教育孩子的100个对策[M]．北京：东方出版社，2006.

[38] A. C. 马卡连柯. 家庭和儿童教育 [M]. 丽娃, 译. 上海: 上海人民出版社, 2005.

[39] 王勇. 三部门要求推动涉案未成年人家庭教育指导工作 [N]. 公益时报, 2021-07-13(06).

[40] 杜洋. 强化家庭帮教维护未成年人合法权益 [N]. 法治日报, 2021-07-12(03).

[41] 陈鹤琴. 家庭教育 [M]. 上海: 华东师范大学出版社, 2006.

[42] 李天燕. 家庭教育学 [M]. 上海: 复旦大学出版社, 2007.

[43] 威特. 卡尔·威特教育精华及中国家庭教育启示 [M]. 瞳年教育科学研究中心, 译. 北京: 中国宇航出版社, 2006.

[44] 赵忠心. 赵忠心谈家庭教育 [M]. 北京: 中国检察出版社, 2001.

[45] 柏拉图. 理想国 [M]. 郭斌和, 张竹明, 译. 北京: 商务印书馆, 2002.

[46] 夸美纽斯. 大教学论 [M]. 傅任敢, 译. 北京: 教育科学出版社, 1999.

[47] 诸惠芳, 邹海燕. 外国教育名著导读 [M]. 北京: 人民教育出版社, 2005.

[48] 卢梭. 爱弥儿 [M]. 李平沤, 译. 北京: 人民教育出版社, 2006.

[49] 安·谢·马卡连柯. 父母必读 [M]. 耿济安, 译. 北京: 人民教育出版社, 1957.

[50] 秦玉学, 孙在丽. 新时代我国家庭教育中家长角色的价值重塑 [J]. 中国成人教育, 2022(20):63-67.

[51] 栾海清. 人口政策调整背景下城市家庭教育观念发展研究 [J]. 现代商贸工业, 2023(02):88-91.

[52] 于冬青. 家庭教育知识体系构建的逻辑与实践进路 [J]. 东北师大学报(哲学社会科学版), 2023(01):56-64.

[53] 吕慈仙, 高艺耀, 智晓彤. "双减"背景下家庭教育的焦虑及其缓解路径 [J]. 教学与管理, 2023(03):12-16.

[54] 陈健翔. 他们影响了全世界家庭 [M]. 北京: 北京出版社, 2005.

[55] 杨冰. 教育孩子从父母开始 [M]. 北京: 中国世代经济出版社, 2005.

[56] 劳拉. E. 贝克. 儿童发展 [M]. 北京: 江苏教育出版社, 2002.

[57] 赵忠心. 家庭教育学 [M]. 北京: 人民教育出版社, 2000.

[58] 邓左君. 家庭教育学 [M]. 福州: 福建教育出版社, 1995.